超訳 こころの禅語

臨済宗 龍雲寺 住職
村越英裕

悩みを解決する智慧の言葉50選

佼成出版社

はじめに
現代人の悩みを解決するために難しい「禅語」をわかりやすい「超訳こころの禅語」に変換

仏教を開いたお釈迦さまの教えをあえて漢字一文字で表現すると「禅」となります。

「禅」とは「正しい心のあり方と実践」のことです。

「禅宗」とは「正しい心のあり方と実践方法について説く宗派」のことです。

「坐禅」とは「正しい心のあり方に気づくことができる呼吸と姿勢」のことです。

そして、多くの禅僧は禅の教えを後世に伝えるために「禅語」を残しました。「禅語」は「悟りの境地から生まれた智慧の言葉」です。

「正しい心のあり方と進むべき道しるべ」が説かれています。

しかし、「言葉が古い」「難しい」「何を伝えたいのかよくわからない」という欠点があります。たとえるならばカチカチの氷です。解凍しないと飲むことができません。

そこで、禅語を「わかりやすい現代語」にし、「言葉が生まれた背景を解説」しながら、日常生活で活用できる「超訳こころの禅語」に変換してみました。

本書では五つの課題を設定し、問題解決のヒントを五十の禅語に探りました。「禅語」を「超訳こころの禅語」するにあたって、坐禅が持つ五つの働きを挿入しました。

禅宗の修行の出発点であり要《かなめ》は坐禅です。坐禅は電化製品にたとえると充電期間にあたります。身体《からだ》と呼吸と心を調《ととの》え、パワーを蓄えます。このパワーを日常生活の中で活用してこその坐禅です。その働きは次の五つにまとめることができます。

〈「禅宗流五つの心のプログラム」〉

1　止まる

2　捨てる

3　シンプルにする

4　見方を変える

5　徹する

「止まる」という行為は、簡単そうで簡単ではありません。私たちは常に動きながらものを見て、考えているからです。「止まる」と物事が進むことが遅くなると思われがちですが逆です。現在の自分の位置がはっきりと認識でき、問題の原因が明確になります。

「止まること」は立ち往生ではなく、大きなパワーです。

止まると前に進むための問題点と必要な方法が見つかります。大きな障害は執着心という心の贅肉です。**執着心を捨てることが問題解決への近道です。**

心の贅肉を捨て、ダイエットすると心はシンプルになります。一方、多くの情報を収集し、一つを選び出してシンプルにする方法もあります。その場合は全体に心を配ります。

執着心が消え、**シンプルな心になると見方が変わります。**視野が変化すると、自然と別の道も開けます。**新たな道を歩むには、精進に徹する必要があります。**

この「禅宗流五つの心のプログラム」は、それぞれ単純ですがリンクしています。一つの輪になっています。また、組み合わせ方によっては奇抜なアイディアにも変化します。

難解な禅語も「禅宗流五つの心のプログラム」を適宜使うと、やさしい現代の言葉に変貌します。

各タイトル部分にある禅語の下の言葉が現代語訳や意訳です。隣の二行、あるいは本文中に問題解決のための応用バージョンや派生バージョンもちりばめました。

現代社会は忙しく、あわただしく、やることも多く、希望も多いのが現状です。当然、問題も抱えます。悩みも迷いも多くなります。そんなとき、超訳された禅語が現代社会を生きるための便利な指針として、効果を発揮することを願っています。

「なぜ、悩み苦しむのか」の「なぜ」を「なるほど」に変化させる生き方の提案が「超訳こころの禅語」です。

必要に応じて心の中に届けていただき、歩むための指針にしていただければ幸いです。

とりあえず、この本を手にして、立ち止まってください。

超訳こころの禅語〈目次〉

はじめに　1

第1章　明日、仕事に行きたくないあなたへ

◎前に進むために止まる「無」……12
◎いやなことは正しく苦しむ「四苦八苦」……16
◎仕事に行きたくない理由を書いて吐き出す「放下著」……20
◎職場はあなたを磨く大切な場所「歩歩是道場」……24
◎失敗に気づかないと成長しない「明珠掌に在り」……28
◎工夫はしっかり困らないと思いつかない「工夫」……32
◎ライバルは敵ではない「本来無一物」……36
◎とてもいやなことはあなたを大きく成長させる「菩薩権化の大慈悲」……40
◎あなたの人生のヒーローはあなたしかいない「主人公」……44
◎努力することが生き方を輝かせる「常に一直心を行う」……48

第2章　子育てに行き詰まったあなたへ

◎行き詰まりを楽しみに変える「あいうえお」「遊戯三昧」……54
◎そもそもあなたも子供だった「潜行密用は、愚の如く魯の如し」……58
◎一度、子供を怒ったときの顔を鏡で見てみる「和顔愛語」……62
◎マニュアル本は一度、読んだら捨てる「規矩行い尽くべからず」……66
◎なんでも比べる症候群「無分別」……70
◎子供の「好き」を広げる「一円相」……74
◎宿題「子育て日記」を書いてみる「老婆親切」……78
◎「親の心子知らず」でいい「啐啄同時」……82
◎子供の未来にしがみつかない「無功徳」……86
◎子供は親の口ではなく背中を見て育つ「両鏡相い照らす」……90

第3章　新しい恋に踏み出せないあなたへ

◎自分で自分を縛らない「無縄自縛」……96
◎失恋話に花を咲かせて散らす「莫妄想」……100
◎恋の一休み「あいうえお」「一休」……104
◎イケメンに左右されない「花枝に自ずから短長あり」……108
◎「恋愛スイッチ」をオンにし、オヤジ化症候群ストップ「道心」……112
◎素敵な「片思い」をしてみる「一切唯心造」……116
◎恋からはじまらない恋もある「無心」……120
◎恋の足元作戦「看脚下」……124
◎自分を磨かないと「素敵な人」にならない「性根玉を磨け」……128
◎あれこれ考えない「南無釈迦じゃ娑婆じゃ地獄じゃ苦じゃ楽じゃ どうじゃこうじゃというが愚かじゃ」……132

第4章 友人やパートナーと喧嘩中のあなたへ

◎喧嘩はお互いが感じる温度差から起こる「冷暖自知」……138
◎人はそれぞれ異なるバロメーターを持っている「非風非幡」……142
◎人間関係を捨てて問題と向かい合う「自他不二」……146
◎「長いものには巻かれておく」作戦「非忍を忍ぶ」……150
◎混ぜると危険な「無視する人」と「無視される人」「平常心」……154
◎「仲直りしない」解決方法「露堂々」……158
◎恋のライバル対決作戦「牛飲水成乳　蛇飲水成毒」……162
◎お金の貸し借りで失った心は返ってこない「吾唯足るを知る」……166
◎友人やパートナーの訃報を考えてみる「散る桜　残る桜も散る桜」……170
◎喧嘩相手の話を聞き続ける「閑坐聴松風」……174

第5章　生きがいが見つからないあなたに

◎今、ご臨終です。やり残したことをメモしましょう「無常迅速　時人を待たず」……180
◎「生きがい」とは人生のテーマ探し「門を開けば福寿多し」……184
◎生きがい探しの「あいうえお」「無尽蔵」……188
◎小さなことの持続は大きな力「少水の常に流れて、石を穿つが如し」……192
◎一つに徹すると自分を生かす道となる「万里一条の鉄」……196
◎「今、心が感じる幸せ」を「生きがい」にする「日々是れ好日」……200
◎月の中に住んでみる「雪月花」……204
◎仏教は人生のバックボーン「大疑団」……208
◎雲のごとく水のごとく「生きがい」を求める「行雲流水」……212
◎他の人の笑顔をそのまま自分の「生きがい」にする「障子の糊」……216

おわりに（その1）　220

おわりに（その2）　222

装幀・フクダデザイン（福田和雄）

第1章

明日、仕事に行きたくないあなたへ

前に進むために止まる

無《む》

「ある」「ない」にひっかからない

立ち止まり、「行く」「行かない」を捨てる
問題点と解決策は別の所にある

「明日、仕事に行きたくない」

困りましたね。

それならば、**思い切って明日、仕事を休みましょう。**

「仕事に行きたくない」と悩んでいるときは、迷子になりかけている、あるいは迷子の状態です。止まらずにむやみに動くと、さらに道に迷うことになります。

道に迷ったときは携帯のＧＰＳで現在位置を確認するように、止まりましょう。

休んで差し障りがなければ、朝から一日、どこか、ボーッとできる場所へお出かけしましょう。

海へ行きましょうか。山もいいです。川や林のある公園も魅力的です。滝も豪華で壮快です。お寺の庭を見て、時間を忘れるのもいいものです。とにかく、

「一度、止まる」

ここからはじめましょう。

嵐や台風でなければ、天気予報が雨であっても出かけましょう。雨のにおいや雨の音を聞くのも楽しいものです。

できれば、通勤している人の風景も見てみましょう。いつもなら自分がしている通勤の姿を見ることができるのは、仕事を休んだときの特権です。人も車の動きも、なぜか早く感じます。

横断歩道も青で渡らずに、止まって、人の動きも見てみましょう。人は赤信号では止まりますが、青信号では止まりません。青信号で足を止めると人の動きが観察できます。

「あの人は、せっかちな人だなあ」

「ああ、もうすぐ赤信号なのに危ない！」

と思えるのは青信号で止まったからこそ気づくことです。数回、青信号を見送っていると、

「横断歩道は、なぜ白色なのだろうか」

「なぜ、この形なのだろうか」

などと、日頃、まったく気づかない疑問点も見えてきます。

「止まる」と見えてくる世界は無限に広がります。

どこか景色のよい所に坐りましょう。坐ってプチ坐禅をします。

〈プチ坐禅の仕方〉

1　背筋を伸ばし、姿勢を正す。
2　最初に「ムー」と心の中で念じながら口から息をゆっくりと吐き捨て、吸う。
3　鼻呼吸に切り替えて、ゆっくりと吐き、吸うを繰り返す。
4　「ムー」と念じながら、ゆっくりと吐き、吸う…を繰り返す。
「ムー」は「一、二、三、四、五」、吸う呼吸は「一、二、三」くらいのリズムで行う。

「ムー」は「無」のことです。悟りの境地のことです。「ある」「ない」の「ない」ではありません。「ムー」と念じて何も考えないようにします。目的は「ただ止まること」です。

さて、「仕事に行きたくない」という心の中には、どこかで「仕事に行かなければならない」という心があります。**二つの事柄やものを比較すると、心に迷いが生まれます。**

「ムー」の呼吸で一度、「仕事に行きたくない心」も「仕事に行かなければならない心」もリセットします。「行きたくない」「行かなければならない」にとらわれてはいけません。

最初はタイマーをかけて三分間してみましょう。ウルトラマンが地球で活躍できる時間、カップラーメンができあがる時間が三分です。意外と長いものです。

いつもと違った空気の味がします。しばらくすると、さまざまな音も聞こえてきます。

「チュン、チュン、チュン…」

「リリリリ、リリリリ、リリリリ」

「ブーブー、キキキキ」

「ダダダダ、ダダダダ」

鳥の声、虫の音、車の音、工事の音も聞こえるかもしれません。聞こえてくるままにします。

これらの音も、止まったからこそ聞こえてくる音です。もともと、聞こえていた音です。特別な音ではありません。聞こえているのに、聞こえていない音があるだけです。

私たちには、聞こえているのに聞こえない音があるように、見えているのに見えないものがあります。鳥は、ただ、鳴いているだけです。鳴きたいから鳴いているわけでも、鳴きたくないのに鳴いているわけでもありません。

「仕事に行きたくない」と迷ったときの答えは、「仕事に行かなければならない」でもなく、「仕事に行きたくない」でもありません。**解決策は「ある」「ない」以外の所にあります。**

青信号で止まると別の世界が見えるように、自分の心を止めると別の世界が見えてきます。

意識して止まることは「止まる力」です。前に進むために一度、止まってみましょう。

止まることは、電化製品にたとえるならば充電期間です。

今の自分を止めてみましょう。**休むことも、止まることも仕事です。**

◯いやなことは正しく苦しむ

四苦八苦《しくはっく》

避けられない八つの苦しみがあるのが、この世のカラクリ

つきまとう苦しさは修行として受け止める

「やれやれ、仕事場で四苦八苦」

「あの上司も部下にも四苦八苦」

現在「四苦八苦」は「苦労する」という意味で使います。しかし、四苦八苦とは仏教を開いたお釈迦さまが説かれた「生まれてから死ぬまでの人生のフレーム」のことです。仏教の教えのベースとなっています。

「四苦八苦」は持って生まれた四つの苦しみと生きている以上やってくる四つの苦しみの合計八つの苦しみのことです。四苦と八苦では合計十二苦ですが、四苦八苦の四苦は最初の四つ、八苦は全部を合計した数です。次の八苦です。

〈持って生まれた四つの苦しみ〉

・生《しょう》…苦しみは生まれたときからはじまる。

・老《ろう》…年を取り、老いていく苦しみ。

・病《びょう》…病気の苦しみ。

・死《し》…生まれた以上、死ぬ苦しみ。

〈生きている以上、やってくる四つの苦しみ〉

・愛別離苦《あいべつりく》…必ずやってくる愛する者との別れ。

・怨憎会苦《おんぞうえく》…怨み憎んでいる人と顔を会わせなければならない苦しみ。

・求不得苦《ぐふとっく》…求める物が得られないこと。

・五蘊盛苦《ごうんじょうく》…生きている限りやってくる苦しみ。

この世はいやなことで成り立っています。では、どのようにすればいいのでしょうか。

〈ポイント1〉**この世は四苦八苦でできていると把握する。**

四苦八苦から目をそらさないことです。目をつぶっても消えてなくなりません。

仏教語の四苦八苦は合計八つですが、残念ながら実際は八つではありません。四苦八苦の一番最後の項目は「五蘊盛苦」です。「心身が元気である以上、やってくる苦」という意味です。

いやなことは無限にあります。四苦八苦ではなく四苦多苦《しくたっく》です。

「生きている以上、いやなことも苦しいこともついて回る」

人生は苦しいことでできていると考えるのが仏教です。この世は極楽のような楽しい世界ではありません。

〈ポイント2〉**「この世は四苦八苦を修行する場所である」と考える。**

みなさんは、修行道場というと、各本山にある修行道場を思い浮かべると思います。しかし、仏教の修行道場だけが修行の場所ではありません。それぞれが生きていく場所が修行道場です。

仏教では、生まれてから死ぬまでが修行と考えます。

当然、仕事をする場所も修行の場の一つです。この世の仕組みが四苦八苦ですので、仕事の場所にも四苦八苦の波は押し寄せてきます。

私の禅の師である中川宋淵《なかがわそうえん》老師（一九八四年寂）は次のように言われました。

「四苦八苦があるからこそ、修行ができる。いやなことがあるから修行になる」

修行で培ったことは、心を豊かに大きくします。同じ苦しさに出会ったとしても、受け取り方に違いがでます。苦しみはありますが、苦しみ方が楽になります。四苦八苦を受け止めるクッションができます。

〈ポイント3〉**四苦八苦は正しく苦しむ。**

「四苦八苦は正しく苦しみなさい」

これも宋淵老師の言葉です。それには「心のあり方の工夫」が必要です。

苦しみそのものは変わりませんが、心の工夫で苦しさの質に変化があります。

やってくる四苦八苦は人それぞれによって違います。また、仮に同じことであっても人によって感じ方に違いがあります。

いやなこと、つらいこと、苦手なことは心の工夫で正しく苦しむことができます。

四苦八苦に対処できたことが、「生きていてよかった」と思えることにつながります。

四苦八苦を感じることができるのは生きている証拠です。

さて、『般若心経《はんにゃしんぎょう》』の冒頭を意訳すると、「観音菩薩が般若波羅蜜多《はんにゃはらみった》の修行を深く行うと、すべての苦から解放され悟りをひらいた」となります。修行したから「一切の苦しみである四苦八苦が消えてなくなった」のではありません。

修行しても四苦八苦そのものはなくなりません。「四苦八苦とはどのようなものかがわかり、受け取り方がわかった」ということです。

どのようなことが起きても、〈ポイント1〜3〉のように「四苦八苦に対処できる平気な心」がわかったということです。

純文学を得意とした芥川龍之介《あくたがわりゅうのすけ》（一九二七年没）は、『侏儒《しゅじゅ》の言葉』の中で「人生は地獄よりも地獄的である」とコメントしました。しかし、仏教の教えにそって正しく苦しむことができれば、「人生は極楽よりも極楽的である」となります。

仕事に行きたくない理由を書いて吐き出す

放下著《ほうげじゃく》

よけいな心はすべて捨て去る

心の隅々までいやなことを探し
どうにもならない問題は捨てる

世の中は、四苦八苦でできているというお話をしました。だからといって、問題がすべて解決したわけではありません。

「仕事に行きたくない」という心の叫びは、あなたの身体《からだ》と心から発せられるイエローカードです。思い描く職場と現実とのギャップが「ウツウツとモヤモヤ」を発生させています。

心の重荷をはずすために、仕事に行きたくない理由を聞かせてください。

(Q1)明日、仕事に行きたくない理由を書き出してみましょう。

「　」

「　」

一行や二行では書き出せないかもしれませんね。少し、シミュレーションしてみます。

「疲れがとれない」

「体調が悪いし、～が痛む」

誰が考えても病院へ行く必要があります。検診を受けましょう。心のストレスの場合も考えられます。

「仕事がつまらない」

「仕事に追われてしまう」

「仕事がうまくいかない」

「自分がやりたいと思う好きな仕事ではない」

「がんばっても、がんばってもむくわれない」

「報酬が安い」

あなた自身と仕事との問題です。

「あの上司と毎日、顔を合わすのはイヤ」

「あの同僚と一緒に仕事をするのは耐えられない」

「あの部下のせいで仕事がうまくいかない」

「上司や同僚からいやがらせを受ける」

人間関係がネックになっているようです。

「朝、起きるのが苦手」

「通勤時間が長い」

「夜の飲み会につき合うのはイヤ」

原因は仕事以外の所にあります。

「仕事をする意味がわからない」

「人を信じることができない」

どうも、仕事というよりも生き方そのものに疑問を持っているようです。

さらに、原因が一つではなく複数からみあっていることもありえます。遠慮なく、包み隠さず書いてみましょう。「何となく思っていること」が明確になります。そこで二問目です。

（Q2） 書き出した理由に「何とかなりそうな問題に○」、「何ともなりそうもない問題に×」をつけてみましょう。

次に唐《とう》時代の禅僧のエピソードを聞いてください。

あるとき、厳陽尊者《げんようそんじゃ》という修行者が禅僧として名高い趙州《じょうしゅう》和尚を訪ね質問します。厳陽尊者は、自分の修行の成果を確認することが目的でした。

厳陽「私は長い間、修行し、煩悩をなくし、無の境地に達しました。この先、どう修行したらいいのでしょうか」

趙州「放下著」（そんなものは捨ててしまえ）

趙州和尚から意外な言葉が帰ってきました。

厳陽「よく意味がわかりません。私はすでに何もかも捨て切った無の境地です。何もありません。この先、何を捨てろとおっしゃるのですか」

趙州「そうか、捨てることができなければ、その無を担《かつ》いで帰れ」

ここで初めて尊者は「ハッ」と気がつき大悟《たいご》したということです。

『「捨てるものがない」という心も捨ててしまえ』という話です。「そもそも捨てるものは何もなかった」という禅宗らしい話です。だからといって、この話のように、「今書き出したことをすべて捨ててしまえ」と突然言われても、できません。そこで質問3と4です

（Q3）×印はなんともならない問題です。考えても仕方がないので、捨てましょう。

（Q4）もう一度、◯印を見て、捨てることができるのであれば捨ててしまいましょう。

再度、プチ坐禅をするのも効果的です。インターバル・プチ坐禅です。思いついたときに行うとそれなりに効果があります。プチ坐禅をしてできるだけ捨ててしまいましょう。

×印が残った問題です。

困った問題はどうにもならない問題と、どうにかなる問題に選別し、どうにもならない問題は捨てましょう。

○職場はあなたを磨く大切な場所

歩《ほ》歩《ほ》是《これ》道場《どうじょう》

今、ここは一歩一歩あゆむための修行道場

**職場の出入り口で立ち止まり
合掌礼拝《らいはい》で心の切り替え**

今度は私のもう一人の禅の師である鈴木宗忠《すずきそうちゅう》老師（一九九〇年寂）の話です。

ある年、老師が山梨のリハビリ専門の病院に入院しました。見舞いに出かけたときのことです。元気そうな姿に私はほっとしました。老師は私の顔を見るなり、いきなり、

「ここも道場」

「歩歩是道場」

と言われました。

「私の今の修行はリハビリ。歩歩是道場」

「毎日、一歩、一歩、前進じゃ」

老師は笑顔です。

「ここも道場」

そういえば、同じセリフを私は思わぬ場所で聞いたことがあります。

修行中、ある日のことです。東京の坐禅会へ出かけました。禅宗の修行道場は、一般社会と隔絶された場所にあります。月に数回、托鉢で外に出ることはありますが、隠侍《いんじ》といって老師の世話役にならないと、なかなか外に出る機会はありません。新幹線に乗り、タクシーに乗り、東京の街中を歩くと、私は修行僧であることをすっかり忘れてしまいました。

「東京は魅力的な都会だなあ」

「いつか東京に遊びに行こう」

「それには恋人もいたほうがいい」

その帰りです。僧堂の入り口で老師は足を止めました。

そして、合掌してからこう言われました。

「今、ここも道場」

目の前にある修行道場が道場であることはわかりきっています。しかし、あえて、「ここも」と言われたのはどうしてでしょう。

東京に出かけたことも修行の場であったということです。私の東京での修行僧らしからぬ姿を見て、いましめたのでした。

「どこもかしこも道場だよ」

老師が言われた「歩歩是道場」は、「今、ここも道場だよ」という意味です。

老師のリハビリは楽ではありません。一日、二日で効果は出ません。老師は年若い修行僧時代のことを思い出して、「一歩、一歩、あゆんでいこう」と心に決めたのでしょう。

「歩歩是道場」は『維摩経《ゆいまぎょう》』の中にある**「修行の場は道場だけではなく、日常の生活や言動の中にもある」**（意訳）に由来しています。

特に禅宗では「どこもかしこも修行道場」と考えます。

仕事場も修行道場です。日常生活そのものも自分を鍛える修行道場です。人生もまた長い道のりの修行道場です。

仕事をする場所もあなたにとって大切な修行道場です。一歩、一歩の積み重ねが明日につながっていきます。

「仕事に行きたくない」理由のいくつかは、実はあなたが仕事場という修行道場で修行する項目なのです。

もう一つ老師の教えがあります。

リハビリをするフロアの入り口で老師は、合掌礼拝されました。終了したときも同じです。

「合掌、ここも道場」

老師はそう言われて、礼拝されていました。

坐禅を行うお堂のことを禅堂と言いますが、後ろの門から出入りするときは必ず合掌礼拝する作法があります。老師はこのリハビリをするフロアの出入りに、この作法を行っていたのです。

禅宗には禅堂の出入り、坐禅をする場所への坐り方、食事やお茶を飲むときなどさまざまな作法があります。合掌礼拝は作法の代表例です。

あることを行うときに、その前後にポーズを作り、そのポーズを行うことで、坐禅、あるいは仏道修行と同じはたらきを持たせることができます。

これを威儀即仏法《いぎそくぶっぽう》といいます。威儀とは作法のことです。作法そのものが仏の教えを説いています。

合掌という作法はそのまま、仏の教えなのです。禅宗にとって合掌は仏さまの姿であり、坐禅なのです。

職場を修行道場と意識するために、出入り口で立ち止まり合掌礼拝をしてみましょう。

それだけで気持ちが切り替わります。

職場の入り口で合掌礼拝することに人目を気にするのであれば、せめて、入り口で足を揃えて立ってみましょう。帰るときも同じです。

立ち止まる数秒の間で心のスイッチのオンとオフを切り替えてみましょう。

○失敗に気づかないと成長しない

明珠《みょうじゅ》掌《たなごころ》に在《あ》り

宝物はすでに手中にある

重要な宝物は失敗の中にも隠されている

何か失敗をすると、誰でも気持ちが滅入ってしまいます。職場への道も遠くなります。こんなときに、思い出してほしい著作があります。

オイゲン・ヘリゲル（一九五五年没）の『弓と禅』です。戦前の日本で弓道に打ち込んだドイツ人哲学者が、弓道の師範から受けた自らの体験をもとに、弓道と禅の精神面の共通点について描いた作品です。

弓道に限らず剣道や柔道、茶道、華道、書道と道のつくスポーツや習い事の根底には禅の精神が流れています。

弓道について理論的に書かれた書物が『弓と禅』です。四行に要約します。

弓道は「矢を放って的《まと》に当てる競技」ですが、それはあくまで一つの結果であり、重要なことはそこに至る過程の努力と心のあり方です。

的に当てるために弓と矢を用いますが、弓と矢は心のあり方を導く物にすぎません。弓道は、弓と矢を用いる禅の修行そのものです。

そして、著者は師範から次のような指導を受けます。

（その1）禅の呼吸法をマスターする。

通常の呼吸にない全身の力を抜くことができるからです。

（その2）弓と矢を使おうとすればするほど、弓道から遠ざかる。

道具に自分が使われるようになるからです。

（その3）「矢を的に当てようと思う心」は捨てる。

「的に当てよう」という心によって、一連の身体の動きが乱れるからです。

（その4）「的に当たらないこと」は重要なことである。

無数の失敗にこそ目に見えない本当のことが隠されているからです。

（その5）「的に当たったこと」に歓喜したり、自慢しない。

結果に一喜一憂すると、弓道の本質を見失うからです。

禅の修行も同様です。臨済宗の公案《こうあん》にあてはめてみましょう。公案は師僧が弟子を悟りに導くために用いる問題集のことです。老師からの挑戦状です。

（その1）禅の呼吸法をマスターする。

呼吸を調えることで身体と心を調えることができます。

（その2）坐禅や生活に必要な道具を使おうとすればするほど本質から遠ざかる。

道具を使おうと思うのではなく、意識せずに慣れることです。

（その3）「公案の解答を得ようとする心」は捨てる。

「問題を解こう」という心によって、坐禅の呼吸が乱れるからです。

（その4）「公案が解けないこと」は重要なことである。

無数の間違いにこそ目に見えない本当のことが隠されています。

（その5）「公案が解けたこと」に歓喜したり、自慢しない。

公案が一つ解けても、それは一つの過程にすぎないからです。


弓道と禅の精神は、究極において一致しています。

仕事にあてはめるならば、「失敗すること」と「失敗の自覚」が重要であることです。

失敗することは誰でもいやです。しかし、大なり小なり失敗はあります。

「しまった！」

と思ったことは、すぐに蓋《ふた》をして忘れてしまいたいものです。考えたくもありません。失敗が宝物であると思えませんし、思いたくもありません。

しかし、失敗は宝物です。

矢を的に当てるには、当たらないという失敗を数多く行う必要があります。公案を解くことも同じです。悟りをひらこうとする所に悟りはありません。

目的を達成するには、失敗という目的以外のことを数多く行う必要があります。

一方で、「仕事がうまくいった」と思った所にも落とし穴があります。**成功によって見過ごしてしまった失敗が隠されているからです。**

私たちは知らない間に宝物を手にしています。宋《そう》時代、圜悟克勤《えんごこくごん》禅師によって編纂《へんさん》された『碧《へき》巌録《がんろく》』（一一二五年成立）に出てくる「明珠掌に在り」の言葉通りです。

原文は「すでに私たちは仏心《ぶっしん》という宝物を手にしている」（意訳）ですが、超訳すれば、「**私たちはさまざまな宝物の中で生かされている**」となります。

重要なことは、その宝物に気づくか気づかないかです。

ところで、あなたは、仕事に関してどのような失敗をしたことがありますか？

いろいろと思い出してください。「思い出したくない」と思っても思い出してください。

インターバル・プチ坐禅をしながら思い出してください。

最初に口から息をゆっくりと吐き捨て、吸います。次に鼻呼吸に切り替えゆっくり吐き、吸います。ポイントは吐く息を長くすることに集中することです。

努力による失敗に目を伏せれば愚痴、気づけば宝物です。

○工夫はしっかり困らないと思いつかない

工夫《くふう》 修行に専念し、よりよい修行方法に気づくこと

問題解決のヒントは「止まる」「困る」「捨てる」で見つける

仕事がいやになったら、インターバル・プチ坐禅をし、問題を吐き出し、解決できる問題と解決できない問題に選別します。解決できない問題は捨ててしまいます。

どうしても、解決しなければならない問題は、順位をつけトップから取り組むことにします。今回はそのトップの問題の解決方法のヒントを紹介します。

いやなこと、難しいこと、困ったことは工夫で乗り切ることができます。ただし、多少、時間はかかります。

そこで『巨人の星』という野球マンガの話です。原作は梶原一騎《かじわらいっき》氏、作画は川崎のぼる氏です。著者の年がばれてしまいますが、お聞きください。

諸々略しますが、主人公の星飛雄馬《ほしひゅうま》はあこがれの巨人軍に入団したものの、プロ初登板の大洋戦で、ライバルの左門豊作《さもんほうさく》に逆転ホームランを打たれてしまいます。即刻二軍行きとなり、失意の飛雄馬は、打者に打たれない新しい球を考案するため、鎌倉の禅寺の門を叩きます。

坐禅がはじまります。

ビシッ、ビシッ、ビシッ、ビシッ。

飛雄馬はすぐに警策《けいさく》棒で僧侶に打たれてしまいます。心の迷いがそのまま身体に出るためです。しばらくすると集まった参禅者に老師が次のような話をします。

「打たれまい、打たれまいとする姿勢ほどもろいものはない。身体に余計な力が入って固くなるからじゃ」

この老師の言葉を聞いて、飛雄馬は、

「そうだ、どうせ、自分は負け犬だ。打ちたければ好きに打てばいい」

と開き直ります。すると、警策棒で打たれなくなります。身体の力が抜けて姿勢がよくなったからです。しばらくすると、また老師が話をします。

「そうじゃ、そこじゃ。打つなら打てばいいと思ったから自然と身体の力が抜け、坐禅をする姿になった。打たれまいと思って作った姿勢ほどもろいものはない。打たれてけっこう、いや、もう一歩進んで打ってもらおう。この境地になったとき、悟りの道がひらける」

この老師の言葉に飛雄馬は「ハッ」とし、新しい球のヒントをつかみます。

すぐさまグラウンドにもどり、試行錯誤し、新しい魔球を生み出します。これが投げた球が打者のバットに当たる大リーグボール一号です。

「なんだ、マンガの話ではないか。非現実的だ」

と一刀両断に切り捨ててはいけません。実はこの話は禅の教えそのものです。

打者に打たれないようにするのが投手です。飛雄馬は打たれないために速球を投げました。しかし、速くしても、速くしても打たれ、絶望しました。そこで、禅寺で坐禅をします。坐禅をしながら、飛雄馬は「打たれない球はどのような球か」と考えます。そこへ、老師のヒントです。

「打たれないのではなく、打ってもらおう」

ここに大きな発想の転換があります。「打者のバットに当たらない球」ではなく、「打者のバットに当てる球」を思いつきます。ここで、飛雄馬と坐禅の関係をまとめてみましょう。

〈工夫するための5つのポイント〉

1　困る。

2　坐禅をする。

3　坐禅をしながらしっかりと困る。

4　「困った理由」をすべて捨てる。

5　捨てると発想の転換が起き、解決のヒントが見えてくる。

これは、臨済宗の特徴である公案の解き方と同じです。公案は師が弟子を悟りに導くための問題集です。簡単には解けません。解けないので困ったことになります。すると、「工夫してきなさい」

これが老師の口癖です。禅語の工夫とは「坐禅や公案に専念すること」です。曹洞宗《そうとうしゅう》を開いた道元《どうげん》禅師（一二五三年寂）の『学道用心集《がくどうようじんしゅう》』などにみられます。

工夫は身体と心を止め、しっかりと困ることからはじまります。

飛雄馬は「打たれる」「打たれない」を徹底して困り、そこから「打ってもらう」というヒントに気づきます。「打たれたらどうしよう」「打たれないようにするにはどうしよう」と困っている所を捨てた所から「打ってもらおう」というヒントが生まれました。

「ある」とか「ない」ではなく、「ある」「ない」を超越した所がヒントです。「右なのか、左なのか」と迷う問題は、右でも左でもない所に解決のヒントがあります。

『巨人の星』大リーグボール誕生秘話」は、非常によくできた禅の話です。

「うまいことやろう」と思うことから工夫は生まれません。

「いやなことと困ったことは工夫できる」、これが禅宗特有のプログラムです。

ライバルは敵ではない

本来無一物《ほんらいむいちもつ》

現在、過去、未来、根源には何もない

目先のものやことにとらわれたところでつきつめれば何もない

あなたにはライバルがいますか？

「ライバルがいるから仕事に行きたくない」という人もいるかもしれません。しかし、実際は逆です。ライバルがいるのであれば、仕事に行かないで損するのはあなたです。修行道場でのライバルの話をしてみましょう。

禅宗をインドから中国へ伝えたのが達磨大師《だるまだいし》です。初祖《しょそ》とも呼ばれています。教えは二祖・慧可《えか》禅師、三祖・僧璨《そうさん》禅師、四祖・道信《どうしん》禅師、中国の唐時代に五祖・弘忍《ぐにん》禅師（六七五年寂）と受け継がれていきます。弘忍禅師は弟子の中から後継者を選ぶために、「会得した心境を漢詩にするように」と告げます。すると、筆頭弟子の神秀《じんしゅう》が次のような偈《げ》を書きます。

「身は是《これ》菩提樹《ぼだいじゅ》、心は明鏡台《めいきょうだい》の如《ごと》し。時時《じじ》に勤めて払拭《ほっしき》せよ、塵埃《じんあい》を惹《ひ》かしむること勿《なか》れ」

口語訳は、「この身は悟りの実を宿す木のようなものである。心は悟りを写す鏡の台のようなものである。常に埃や塵がつかないようにきれいにしておかなければならない」です。

「これで決まりだね」

誰もが思ったときに、慧《え》能《のう》という米搗《こめつ》きとして働く新参者が次のような偈をそばに貼り付けました。

「菩提本樹《もとじゅ》無く、明鏡《めいきょう》も亦《また》台に非《あら》ず。本来無一物、何《いず》れの処《ところ》にか塵埃を惹かん」

訳すと「そもそも悟りを宿す木や鏡の台などはない。本来、何一つないのである。ないものに塵や埃はつかない」となります。

この偈を見て、師の弘忍は達磨大師から代々伝わる教えの継承の証である衣鉢《えはつ》（衣と食器）を慧能に渡します。しかし、無用な後継者争いを避けるために、この地を去り南方へ行くように指示します。ところが、道中、神秀らが達磨大師の衣鉢を取り返しにきます。神秀は、「私こそが正当な法を継ぐ者である。衣鉢は返してもらおう」

と迫ります。すると、慧能は衣鉢をその場に置きます。

「どうぞ」

神秀は達磨大師の衣鉢を持ち去ろうとしますが、重くてびくともしません。

思う所があった神秀は慧能に教えを請います。すると、慧能が叫びました。

「不思善不思悪《ふしぜんふしあく》、ほら、今、正にあなたの本来の面目《めんもく》がここにありますよ」

「ハッ！」

神秀はさらなる悟りをひらいたということです。あえて超訳するならば、「善《よ》いも悪いも忘れて一心に教えを求めている今、その心の中に求めている悟りの世界があります。気づいてください」といった所でしょうか。

当初、神秀は、弘忍の一番弟子でしたので慧能をライバル視していません。正式な僧侶でなかった慧能は、修行僧の席にも座れなかったため、弘忍禅師の教えを他の弟子たちから聞いて学んでいました。

ライバルに負けないためには、同じことをしていてはだめです。独自の工夫と努力が必要です。

神秀の偈は修行中の心境を表現したものであり、悟りの境地を示したものではありません。

ここに気づいたのが慧能です。

ライバルが見落としていることを見つけることが重要なことです。

達磨大師の衣鉢を受け取ることができなかった神秀は、一時は感情に訴えます。しかし、意見が違う人と正面から話すことができることは貴重なことです。

たとえ、喧嘩になってもライバルの意見は否定するのではなく、耳を傾けるべきです。

神秀は慧能を師と仰ぐことで、アドバイスをもらい悟りをひらくことになります。

「本来無一物」は禅宗にとってきわめて重要な言葉の一つです。**「すべてのものごとの根源には何もない」**という意味です。それは、二人のライバル関係によって生まれた言葉です。

後に神秀禅師（七〇六年寂）の禅は北宗禅《ほくしゅうぜん》、慧能禅師（七一三年寂）は南宗禅《なんしゅうぜん》として発展していきます。ちなみに現在の日本の禅宗は南宗禅の流れです。

社会におけるライバル関係も同じです。

ライバルと敵は違います。敵は「争いや勝負事、仕事などで勝ち負けを決めなければならない相手」のことです。一方、ライバルとは「お互いに切磋琢磨《せっさたくま》し、勝ったり負けたりすることはあっても、両者がさらなる成長をしていく関係にある相手」のことです。

ライバルを敵にすると損するのはあなたです。

「ライバルに負けずについていく」

「ライバルがいたからこそ、ここまでくることができた」

ライバルは、自分自身ががんばれる貴重な存在です。

逆にあなたがそう思っていなくても、相手はあなたのことをライバルと思っているかもしれません。

ライバルに気づくと油断を絶つことができます。お互いに自分自身のスタイルを確立するチャンスが生まれます。

とてもいやなことはあなたを大きく成長させる

菩《ぼ》薩《さつ》権《ごん》化《げ》の大《だい》慈《じ》悲《ひ》

納得できない苦難も仏さまの贈り物としていただく

いやなことも素直に受け止めると思わぬ成長のきっかけとなる

「いやだなあ」

あなたは明日、仕事に行きたくないと思い悩んでいます。どうしましょう？

いやなことから逃げますか？

一番簡単な方法は、このままいやなことから逃げ出すことです。しかし、今、うまく逃げることができたとしても、また、同じいやな問題がやってくるかもしれません。似たような問題が形を変えてやってくるかもしれません。

逃げた先には新しくいやな問題が待ち構えているかもしれません。

この先、逃げ切れますか？

そこで、こう考えてみてはどうでしょうか。**今、いやだと思っていることは、今のあなたにとって大切なことであり、そこから学び、成長する必要がある。**いやな人も同じです。とてもいやなことや人も同様です。

禅宗でよく読まれるお経に『菩薩願行文《ぼさつがんぎょうもん》』があります。間宮英宗《まみやえいじゅう》老師（一九四五年寂）による禅宗の和讃《わさん》です。

「菩薩」は修行して悟りをひらこうとしている修行者、願行は「誓いを立てて、修行すること」です。要するに「修行して悟りをひらくための心得」です。その中の一説を紹介します。

「たとえ悪讐怨敵《あくしゅうおんてき》となってわれを罵《ののし》り、われを苦しむることあるも、これは是《こ》れ菩薩権化の大《だい》慈悲《じひ》（なのです）」

わかりやすくするために超訳します。

「たとえ、私のことを深い怨《うら》みのある敵として、罵り、苦しめるようなことがあったとしても、その人は私を仏の道に導くための神仏の化身《けしん》です。私は過去、知らずに作ってしまった過ちに気づきました。その言動を懺悔《さんげ》します。そして、この仏道修行の縁をいただいたことに手を合わせ、一歩、一歩、努力していきます」

『菩薩願行文』は、「自分は悪くないが、人から屈辱を受けたことはジッと我慢していこう」という姿勢ではありません。屈辱は謙虚にそのまま受け止め、すべてを懺悔する所からスタートすることに特徴があります。

誰でも批判されるとそのまま跳ね返して、相手にお返ししたいと思います。

「私は悪くない。少なくとも、そんなに悪くない」

しかし、このようにお互いに批判のキャッチボールをしていたのでは、批判だけが大きくなるばかりです。

「相手の意見はすっぱりと受け取り、懺悔をして吸収し、仏道修行に励みましょう」

これが、『菩薩願行文』の生き方です。立ち向かう手順をまとめてみます。


〈『菩薩願行文』のポイント〉

1 誹謗《ひぼう》中傷されても、反論しない。
2 自分を顧みる。
3 批判は自分を成長させる仏さまからの贈り物として受け取り、努力する。

別の仏教語でいえば「忍辱《にんにく》」です。何か人に言われたとしても、怒りで対応しないことです。怒りは仏道修行の邪魔をするだけです。

忍辱に似た言葉に「我慢」があります。「我慢」は「ある環境に置かれた状態を不服に思いながらも現状を維持すること」です。忍辱は我慢にあった不平不満の心を捨てた状態のことです。

いやなことがあっても愚痴を言ったり、逃げたり、なげやりにならないことが忍辱です。いやなことに焦点を合わせた生き方です。

「いやなことも仏さまからの贈り物」

と思えば、「苦しいこと」はなくなりませんが、「心の苦しさ」を軽減することはできます。四苦八苦に対する心の切り替えの一つが忍辱です。

たとえば、あなたのきらいな食材は何ですか？

誰でも一つ二つ苦手なものはあります。仮に苦手なものが目の前に届いたとしましょう。

「これはきらい！」

「私の好きな○○に交換してくれないかなあ」

と受け取り拒否や愚痴、新たな要求をしたくなります。しかし、『菩薩願行文』の生き方は、**きらいなものを避けるのではなく、仏さまからの贈り物として受け取ることです。**

「美味しい料理を作るための宿題としてきらいな食材も受け取りましょう」というのが『菩薩願行文』です。

四苦八苦はあなたを成長させる糧です。その中でもとてもいやなことは、あなたを大きく進歩させる原動力です。

いやなことから逃げずに全部受け止めて工夫してみましょう。

あなたにとっていやなことやいやな人は、あなたを成長させる仏さまからの贈り物です。

いずれにせよ、「菩薩権化の大慈悲」の「超訳こころの禅語」を持つことは有効です。

あなたの人生のヒーローはあなたしかいない

主人公《しゅじんこう》

あなたの命を有効に使うのはあなた

人は自分の命の使い方次第で人生の主人公になることができる

あなたは子供の頃、どのようなヒーローやヒロインになりたかったですか？

男性ならば「ウルトラマン」でしょうか、「仮面ライダー」でしょうか。女性の場合は「魔法少女」や「スーパー戦隊のピンク」でしょうか。アニメや特撮に夢がふくらみました。子供は強くて格好いい正義のヒーローに憧れます。

友達とヒーローごっこをするときに交代制にすれば、とりあえずヒーロー気分を味わうことはできます。誰でも経験があることです。

しかし、さすがに小学校の高学年になると、変身セットを身につけてもヒーローになれないことに気づきます。いつまでたっても変身できないからです。

中には高い所から「ライダーキック！」と飛び降りて怪我《けが》をしてから気づく子供もいました。「変身セットが買えない」と涙しても、夢見たヒーローにはなれません。そんな幼少期を過ぎると、次のような質問が飛び交います。

「あなたの夢は何ですか？」

「将来なりたい職業は何ですか？」

作文の宿題や卒業アルバムなどに、現実的なヒーローやヒロインを思い浮かべることになります。

将来なりたい職業は、時代と共に変化しますが、花形の産業がトップを占めます。最近ではＩＴエンジニア・プログラマーやゲームクリエイターです。当然、男子はサッカーや野球選手などのプロスポーツ選手に憧れます。女子は歌手や女優、声優などの芸能関係です。

また、医師や公務員、教員なども人気があります。

夢見る職業につく可能性は誰でも持っています。ただし、努力は必要ですし、試験や面接や運といったハードルもあります。職業によっては得手不得手、才能のあるなしも関係してきます。

実際は試験や面接などをへて今日の職場にたどりつきます。人は常に希望と現実の間のギャップを埋めながら生きています。

それでは、明日、主人公になって職場に行きませんか？

いえいえ、主人公といっても、ヒーローに変身するとか、ヒーロー気分で出勤するのではありません。「心のあり方を主人公にしませんか」という提案です。

中国南宋《なんそう》時代に成立した『無門関《むもんかん》』の十二則《そく》に「巌喚主人公《がんかんしゅじんこう》」という話があります。『無門関』は公案という、師が弟子を悟りに導くための問題集の一つです。原文は漢文です。

瑞巌彦和尚毎日自喚主人公　復自応諾

とりあえず、直訳してみましょう。

中国浙江省《せっこうしょう》の瑞巌寺《ずいがんじ》に住む師彦《しげん》禅師の話である。禅師は毎日、禅の修行をしながら大きな声で「主人公」と叫び、「はーい」と自ら答えていた。

補足しながら訳します。禅の修行は一人で行いません。老師という指導者がいて、先輩や後輩の修行僧たちと行います。また、修行僧には、庶務や台所の係などの役目もあります。こうした修行生活の中で「主人公！」と叫んだのは、

「自分が修行道場のヒーローだ」

「本山の管長になるぞ。後世に名を残す高僧になるぞ」

という宣言ではありません。日々、修行に徹して仏心《ぶっしん》を磨く人が主人公です。

「やるべきことをやっているか」という問いかけです。つまり、「主人公」「はーい」は、

「やるべき修行を行っているか」

「はーい」

という自問自答です。現代語で超訳してみましょう。

「自分の命を有効に使っているか？」

「はーい」

世の中には自分が持っていない才能や才覚、財産を持っている人はたくさんいます。その人たちと今の自分を比べ、「なぜ！」とうらやんでみても何一つ変わることはありません。

それから残念なことに、同じ仕事の量をこなしても自分より高額の報酬を得ている人もいます。また、自分より仕事量が少ないのにもかかわらず報酬が多い人もいます。

経済的には不平等社会であるのが現実です。

しかし、今、持っている自分自身のカードで勝負するしかありません。

今、自分が置かれているポジションに専念するしかありません。人生の主人公になるために「ヒーロー気分」と「ヒーローになれなかった悲劇のヒーロー気分」を捨てましょう。

「〜でなければいやだ」「〜がいいなあ」という気持ちを捨てることです。

人は社会の中でヒーローになれなくても、自分の人生の主人公になることはできます。

あなたはあなたの人生のヒーローです。あなたはあなたであるために生まれてきました。

「主人公」は、「あなたはあなたの命をどう使いますか？」という問いかけです。

努力することが生き方を輝かせる

常に一直心《いちじきしん》を行う

一心不乱に打ち込む

努力は結果を裏切ることもあるが
生き方を裏切ることはない

『雑宝蔵経《ぞうほうぞうきょう》』に次のような説話があります。

ヒマラヤ山の中腹に大きな森がありました。そこにはたくさんの動物が住んでいて、みんな仲良く暮らしていました。

ある日、大きな風が吹き、木と木が擦《こす》れ合って、山火事が起きました。動物たちは自分たちの行き場を失って泣き叫びました。

その中に、一羽の鸚鵡《おうむ》がいました。山の中にいた鸚鵡は、その中腹から麓に一目散に飛んでいきました。池を見つけ、その中に自分の体を浸して、再び山火事の上空に飛んでいきました。

自分の体を振るい、一生懸命に水を浴びせます。それを何度も繰り返しました。そのうちに力尽きて、命を失いそうになりましたが、その繰り返しをやめませんでした。

その様子を仏さまが見ておられました。そしてこう言いました。

「鸚鵡くん、この数十里にわたる山火事をお前の羽一つでどうやって消し止めることができるのだ？」

すると、鸚鵡は二つ答えました。

「志があれば、できないことはありません」

「私を育てていただいた森への恩返しのために、命が尽きるまで続けたいのです」

仏さまは深くうなずいて、にっこりとほほ笑みました。

その後、黒い雲が現れ、雨が降り出し、山火事がおさまりました。


経典というと、何か難しいことが書かれているイメージがありますが、このような説話を収録している経典も数多くあります。

さて、『雑宝蔵経』に収められている「山火事と鸚鵡の話」は、ハッピーエンドで終わっています。「努力したことは必ず報われる」「最後まで仏さまは見守っていてくれる」ということが主旨です。

しかし、この経典には、もう少し深い意味が潜んでいます。

この経典からいくつかのことを読み取ることができます。

「夢を持ち続けること」

大切なことです。夢は心の中に念じなければ実現しません。

「最後まで夢をあきらめないこと」

これが成功への道です。夢を持ち続けなければ実現することはありません。

「努力し続けること」

これも重要なことです。しかし、夢と努力の後に必ず成功が待っているわけではありません。誰でも野球のイチロー選手や、歌手の松田聖子さんのようになれるわけではありません。競技も同じです。金、銀、銅のメダルに輝く人もいれば、涙を流す人も数多くいます。音楽や芸術関係も同様です。

つまり、どんなことであっても、**努力なしに目的は達成できませんが、努力が結果を裏切る覚悟も必要です。**

さて、平安時代の末期から鎌倉時代にかけて、栄西《えいさい》禅師（一一四一～一二一五年寂）は宋の国から臨済宗、道元《どうげん》禅師（一二〇〇～一二五三年寂）は曹洞宗を伝えます。しかし、この間、ひょっとしたら歴史に名前を刻んだかもしれない僧侶がいます。

明全《みょうぜん》禅師（一一八四～一二二五年寂）です。栄西禅師の法を嗣《つ》ぎ、栄西禅師の門を叩いた道元禅師の師となった僧侶です。

大きな転機は栄西禅師が亡くなったときでした。栄西禅師と同様、禅の教えを求めて宋の国へ道元禅師らと共に渡ります。しかし、天童山《てんどうざん》で修行半ばにして亡くなります。明全禅師が宋に渡らずに日本に残っていたとしたら、栄西禅師の臨済宗をひきついでいたはずです。あるいは、宋の国から道元禅師と一緒に生きて帰国していたとしたら、日本の禅宗の歴史は今と大きく違っていたかもしれません。

しかし、結果はともかくそれが明全禅師の生き方です。

禅語で表現すると、「常行一直心」です。直心とは「まっすぐな心」のことです。どんなことがあっても、一心不乱に打ち込むことです。『雑宝蔵経』の鸚鵡の姿です。

努力は結果を裏切るかもしれませんが、生き方と死に方を裏切ることはありません。

明日、仕事に行きたくないあなたには、あなたなりの理由があります。

夢をあきらめないのであれば、歯をくいしばって努力しましょう。

逃れることができない四苦八苦があるのならば、泣いてもべそをかいても、受け止めるしかありません。受け止めることによって気づくこと学ぶことはたくさんあります。

場合によっては、目標達成のために逃げておくという秘策もあります。ただし、努力するために「逃げる力」「隠れる力」を使うという条件つきです。

自分の生き方を努力で貫くことができれば、生き方は輝きます。

禅宗流五つの心のプログラムその1 止まる

止まるとありのままの姿が見える

第2章

子育てに行き詰まったあなたへ

行き詰まりを楽しみに変える「あいうえお」

遊戯三昧《ゆげざんまい》
どんなことも我を忘れて楽しむ

「いやなこと」は「いや」と思わず工夫して「楽しく」行う

「子育てに行き詰まった」

というのであれば、このまま子育てを行うと、この先、行き止まりで壁にぶつかってしまうかもしれません。

どうしますか？

カッコウのように托卵《たくらん》といって、育児放棄、子育て放棄をしますか。カッコウは自分では子育てをせず他の鳥の巣に卵を産み、育ててもらいます。この習性が托卵です。カッコウの他にジュウイチ、ツツドリ、ホトトギスが托卵します。すべてカッコウ科です。一方、子育てをする仮親はオオヨシキリ、モズ、ホオジロなど二十種類以上にのぼります。

「カッコウになりますか?」と問われると、よそへ預ける気持ちになれないのが親です。目の前にいるのは、うっとうしいかもしれませんがあなたの子供です。**困ったことは工夫ができます。**三つ考えてみましょう。

〈困ったときの子育てポイント〉

〈ポイント1〉**子育てを一人で抱え込まない。**

夫婦で協力し合いましょう。可能であれば祖父母にサポートを求めましょう。

ちなみに、女性は出産すると大脳辺縁系《だいのうへんえん》の動きが活発になり母性本能が働きますが、男性にはありません。夫が当てにならないのはこのためです。

〈ポイント2〉**子育ての仲間と情報を交換する。**

インターネットでの情報交換や地域には子育てサロンもあります。同じような悩みを抱える人たちと情報を交換したり、話をすることは有効です。

〈ポイント3〉**適当にストレスを解消する。**

時間を見つけて子育てという現実から逃避しないとやっていられません。身の回りを軽くしておきましょう。

次は「心の切り替え」です。誰でも好きなことは、楽しくできます。しかし、「いやなこと」「苦手なこと」「面倒くさいこと」は楽しくできません。いやなことをいやだと思って行うと、なおさらいやになるばかりです。負のスパイラル（螺旋《らせん》）に巻き込まれていきます。

『六祖壇経《ろくろだんきょう》』（宋九六七年？成立）に「遊戯三昧」という禅語があります。修行がつらくても、つらいと思う心を捨て、つらい修行を好きになり勤めていくことです。

楽しいことは、楽しいまま、いやなことは楽しくできるように心の工夫をすることが遊戯三昧です。

「好きなことをする」のではありません。**どんなことでも前向きに取り組み、「行っていることを好きになること」です。**そこで、〈困ったときの子育てポイント〉に〈子育てを楽しくする「あいうえお」〉をプラスしましょう。

〈子育てを楽しくする「あいうえお」〉

（あ）明るい未来を想像。

子供の顔をしばらくの間、じっと見てください。その先にわくわくするような未来が待っています。どんな未来があるのでしょうか。その未来の手助けをするのはあなたです。

（い）衣食住はいつも楽しく。

食事をしたり、遊んだり、会話をしたり、テレビを見たり、出掛けたり、何気ない日常生活そのものを子供と楽しみましょう。子供向けの歌やゲーム、テレビ番組などはあなたが子供のときから随分、進化し、面白くなっています。親が楽しくないと、子供も楽しくありません。

（う）うまいこと言って喧嘩《けんか》を回避。

喧嘩になることもあります。適当な所で回避しないと親子とはいえ大変なことになります。「適当に聞き流す」「真《ま》に受けない」「ほめてごまかす」「とぼける」などは大人でなければ使えない技です。

（え）笑顔をいつも忘れない。

子供に限らず、大人も笑顔があるととりあえず心が落ち着き安心します。いやなことも笑うとストレスは軽減します。「笑っても目くじらは立てない」「笑って気にしない」「笑ってごまかす」など、笑いと微笑みで子供を包みましょう。

（お）多くは望まない。

あなたにはあなたの人生があります。同じように子供には子供の人生があります。子供の人生はあなたの人生ではありません。親なら子供に託したい夢はありますが、多くは望まないことです。

責任を持って子育てをするのは、あなたしかいません。覚悟を決めてください。

子供はあなたといることが、いやではありません。子供は「親が子育てに行き詰まった」と思うこともありません。

いやなこと、苦手なこと、面倒なことこそ元気を出しましょう。元気は楽しさにつながり、楽しさはやがてよろこびにつながります。

そもそもあなたも子供だった

潜《せん》行《こう》密《みつ》用《よう》は、愚《ぐ》の如《ごと》く魯《ろ》の如し

大切なことは人にわからないように行う

親ばかでなければ親でない
親ばかなら、ばかになって子育てをする

「これ買って、買って、買って」

おもちゃの前で大声で叫びながら、手足をバタバタさせるかわいいわが子がいます。

「ダメ」

無意識で出てしまうのがこの二文字です。

「じゃあ、お菓子、買って、買って、買って」

「ええっ、今度はお菓子?」

要求を変えても、取引はしません。このままレジへ行ったら、親が負けることになります。

「ダメって言ったらダメ!」

とうとう、親も子供に負けないくらい大きな声で叫んでいます。誰でも経験したことがあると思います。それから、どうしても子供は散らかします。

「片付けなさい！」

「えーっ」

「早く」

「遊んでから、お片づけ」

「ダメっ、今！」

言うことを聞きません。このような場面も何回もあります。こんなことが毎日、連続して起こると、わが子でありながら、「こんな子供とつきあっていられない」と思います。

しかし、**子育てしているあなたも、そもそも子供だったのです。**

自分が子供であったことを忘れてしまいますが、よく見てください。今のあなたの子供の態度は、昔のあなたと似ていませんか。そして、あなたのセリフは、あなたの親から聞いたものです。立ち止まって思い出してください。

「勉強しなさい」

このありがたいお言葉をいただく前に、勉強机に向かうことはまれだったはずです。「勉強しなさい」ほど、やる気をそぐ言葉はありません。

「宿題やったの？」

宿題があってもなくても定番のセリフです。定番には定番のセリフで返します。

「今、やろうと思っていた」

それから、成長するにつれ、夜起きていることが楽しくなります。

「もう、寝なさい」

面白いテレビ番組は八時、九時からです。子供は大人の世界ものぞいてみたいのです。

「○○さんはできるのに、なぜ、あなたにはできないの」

これは胸にグサッときます。あしたから不登校で対抗です。

「きちんと片付けなさい」

家の中がすみずみまで、きちんと片付いていれば説得力もあります。

「ダメダメ、うちでは買えないの」

このセリフを何回も聞いていると、「あーあ、貧乏だから買えないのか」と家の経済状態を心配するようになります。しかし、無条件で誰でも「よかった」と思うセリフがあります。

「早く起きなさい」

これは、正直、非常に助かります。放置されると学校に遅刻します。目覚まし時計の音で起きられないことも多々あります。感謝するしかありません。

さて、「潜行密用は、愚の如く魯の如し」という禅語があります。中国曹洞宗の開祖、洞山良《とうざんりょう》价《かい》禅師（八六九年寂）の禅の指南書『宝鏡三昧《ほうきょうざんまい》』に出てくる言葉です。

直訳すると、「禅修行は、愚かな人のように行うのがよい」という意味です。「愚」と「魯」の「魯鈍《ろどん》」は「愚かな人」「間抜けな人」のことですが、「人知れず」ということです。「**大切なことは、誰にも気づかれないように愚直に精進を積み重ねていきなさい**」となります。

実際、禅宗の修行道場では老師から「ばかになりなさい」と言われます。修行道場に入門すると、今までの社会生活にない生活環境ばかりです。カルチャーショックに反応するのはやめて、「悟りをひらく修行」の一点に集中するためにばかになるのです。

子育てにあてはめて超訳すると、「**子育ては子供に気づかれないように愚直に積み重ねていきなさい**」となります。

子育ては仏道修行と同じです。生まれてから成人式まで二十年もかかります。親が面倒みるしかありません。子供の気持ちがわかるのは一度、子供を経験している親しかいません。怒っているだけでは、お互いに成長しません。子供はしつけないと図にのります。

あなたは子供を導く師であり、同時に子育ての修行者です。「親ばか」なのが親ですから、それならば「子育ての親ばか」になりましょう。

子供は、かまって欲しいために、要求を言い続けます。まず、ばかになって子供の姿に学びましょう。あなたも子供であったことを思い出してみましょう。

子供の姿はあなたの過去の姿だと思って接してみましょう。

○一度、子供を怒ったときの顔を鏡で見てみる

和顔愛語《わげんあいご》

笑顔とやさしい言葉は心のやさしさから生まれる

いつもは観音さま
時にはお不動さま

親なら誰でも子供を怒りすぎて、嫌気がさすことがあります。

「もう、いいかげんにしなさい、何度も何度も同じことを言わせないでよ！」

子供と普通に話しているだけでも、かなりのエネルギーを使うのに、怒鳴って怒れば、さらに体力を消耗します。

ところで、つい声を荒げて怒鳴っている顔は、どんな顔をしていると思いますか。山門にある仁王像《におうぞう》に睨《にら》まれているようなものです。真っ赤な顔をして、目はつりあがり、眉間に深い皺《しわ》を寄せ、口もへの字に大きく曲がっています。特に子供目線で下から見上げると鼻の穴が妙に大きく開いています。ブラックホールに吸い込まれるようです。

できれば参考のため、一度、鏡で見てみましょう。

「怖い！」

と自分ながら叫んで笑ってしまいます。よその子ではなくわが子であるがゆえに、つい感情的になり、頭ごなしに怒鳴ってしまいます。しかし、わが子とはいえ、怒って怒鳴っていいわけがありません。

素直に育って欲しいならば、気分だけで怒るのは逆効果です。恐怖心を与えるだけです。さらに、怒り続ければ、怒られることに慣れてしまいます。できれば、怒鳴らずに子育てしたい。誰でもそう思います。わかっていて怒る自分に悲しさも感じます。

むやみに子供を怒鳴ったときは、自分自身へのSOSのメッセージです。

仏教語にぴったりの救いの言葉があります。「和顔愛語」です。

「和顔愛語」は「和顔悦色施《わげんえつじきせ》」という「やさしい微笑みのお布施」と「言辞施《ごんじせ》」という「優しい言葉をかけるお布施」の二つのお布施を合わせたものです。布施というのは仏道修行の一つです。相手にも自分にも何かを求めるのではなく、あくまで修行の一つとして行うものです。

仏さまにたとえると観音さまです。ポイントは、いきなり怒らないことです。

それには、坐禅をするときの最初の一呼吸を行ってみましょう。坐禅をするときは、最初に身体の中にある空気をゆっくりと口から吐き捨てます。

ただ、一呼吸、吐き捨てるだけです。

「もう、いいかげんにしなさいよ」の「もう」などの最初の音を出したときに、その先を無言にして息だけを吐き捨てます。

「もうぅぅ…」

「怒った！」と思ったら坐禅の一呼吸です。一呼吸置いて我慢です。

「もうぅぅ…」と声を発して牛になりましょう。

それまで笑っていた子供の顔がフリーズし、笑顔が消えたときは牛になりましょう。観音さまは私たちに怒りたい所を我慢してやさしい顔で接しています。

しかし、時には怒ることも必要です。自分のストレス発散ではなく、あくまで子供のためを思って怒ることです。

親として言っておかなければならない言葉や伝えておきたいこともあります。

「この場面を逃してはいけない」

「聞いてもらわなければいけない」

したがって、やさしい言葉だけが愛語ではありません。あえて怒らないと伝わらないこともあります。親だから子供のために注意します。

仏さまでいえば、お不動さまです。お不動さまは、やさしく言ってもわからない者に忿怒《ふんぬ》の顔で仏の道を説きます。

親ならお不動さまになることも必要です。

怒るときも、坐禅の一呼吸をしましょう。一呼吸してから怒りましょう。子供のために冷静に怒りましょう。

笑顔は、心の中に笑顔がなければ出てきません。愛語は、心の中にやさしい心がないと出てきません。正しいきびしさは、心の中に信念となるきびしさがないと出てきません。

観音さまのように、お不動さまのように子供に接するには、心の中に観音さまとお不動さまがいないとできません。

どこか近くの観音さまとお不動さまの所へお参りしましょう。

観音さまには十一面観音《じゅういちめんかんのん》、千手観音《せんじゅかんのん》、如意輪観音《にょいりんかんのん》などの観音さまもいらっしゃいます。お不動さまも赤《あか》不動、青《あお》不動、黄《き》不動さまなどもいらっしゃいます。気分転換に訪ねてみましょう。

子供が健やかに育つことを祈願しながら、心の中に観音さまとお不動さまの姿をインプットしましょう。

「子供叱るな来た道だもの。年寄り笑うな行く道だもの」

という句があります。さらに次のように続きます。

「来た道、行く道二人旅。これから通る今日の道、通り直しのできぬ道」

子育て中も子育ての先にも、あなたにはあなたの人生という道が続いていきます。

マニュアル本は一度、読んだら捨てる

規《き》矩《く》行《おこな》い尽《つ》くすべからず

規則を頼りにしても、規則に縛られない

子供の行動をマニュアル本で予測しつつ
日々の変化には臨機応変に対応

電化製品を購入すると、もれなくついてくるのが「取扱説明書」です。当然ですが取扱説明書のマニュアルがないと、基本的な使い方や故障の解決方法はわかりません。

マニュアルの目的は、はじめて行うことや必要不可欠なことを文字化して、多くの人が効果を共有することです。失敗の可能性を極力低くすることも目的です。

子育てにもマニュアル本が数多くあります。子育てがうまくいくことが目的です。初めての子供であれば、不安があり、失敗を避けたいのは人情です。

具体的には、「初めてでも大丈夫、妊娠、出産マニュアル」「男女生み分けマニュアル」から始まり、「出産直後の過ごし方」「初めてのパパでも安心、赤ちゃんマニュアル」などです。

さらに、「スマイル子育て」「叱らない子育て」「仕事両立子育て」「反抗期の乗り切り方」「子育てトラブル解決マニュアル」「子供の話にどのような返事をするのか」「思春期の子供の育て方」……と妊娠から成人式まで、子育てのマニュアル本があふれています。もう少し先まで子育て期間というのであれば、「親のための婚活本」もあります。

誰でも子供は健やかによい子に育って欲しいと願います。親であれば当然のことです。この願いが強く、慎重にうまく育てたいと思えば思うほど、マニュアル本に頼ってしまいます。ところが、

「マニュアル通りにしたのに」

「『～すればうまくいく』と書いてあるのに、なぜ」

「まいった、まいった」

とジレンマに陥ることもあります。思い当たる節はありませんか？

マニュアル本に書かれていることは、誰かの経験談や失敗談から学んだことです。子育ての先輩の実体験から生まれた一つの法則です。

実際の子育ては、日々の会話と日々成長する子供とのコミュニケーションという、マニュアル本にない部分で成り立っています。さらに、

「自分と同じつらい経験はさせたくない」

「自分がやりたかったことをさせてやりたい」

など、それぞれの親の思いも反映されます。家庭ごと、育つ環境、社会的な環境が異なります。マニュアル本には、ある一定の効果はありますが、効果を持続させることは、きわめて難しいことです。

電化製品のトラブルは、「取扱説明書」を読み直したり、修理をすれば、マニュアル通りに機能します。

しかし、子育てのマニュアル本は電化製品のような「取扱説明書」とは違います。

「規矩行い尽くすべからず」という禅語があります。宋の五祖法演禅師《ごそほうえんぜんじ》（一一〇四年寂）の「四戒《しかい》」に出てきます。

僧堂生活には多くの規則があり、これを規矩《きく》と言います。ルールやマニュアルのことです。この言葉はマニュアルだけではいけないといっているのであって、マニュアルがいけないといっているわけではありません。意訳すれば、

「規矩を指針としてもいいが、頼りきるのはよくない」

ということです。子育てのマニュアル用に超訳してみましょう。

「先輩の残した子育て法を参考にすることは必要である。しかし、マニュアルに頼るあまり、日々の子供の変化を見逃してはいけない」

子育てマニュアルに頼ることも必要ですが、頼らないことも必要だということです。

過去、現在、未来とも子育ては、暗中模索です。変化し続けています。頼りすぎは危険です。子育てには決まった教科書はありません。模範解答もありません。

マニュアル本通りにいったからといって、過剰に過信せず、うまくいかなかったからといって、あわてる必要もありません。

子育てのマニュアル本は一つの指針になりますが、どう考えても完全に正しい子育てマニュアルは存在するわけがありません。マニュアル本はある子育て方法の一面を紹介しているにすぎません。

「マニュアル本通りにすると子育てがうまくいく」という安心感を捨てましょう。

故障した電化製品に、「がんばれ！」と激励しても動きませんが、子供は「がんばれ！」と励ますと、笑顔と元気をとりもどします。マニュアル本にない現象が子供には起きます。

ちなみに、取扱説明書には、読んで面白いものもあります。たとえば、電子レンジには「食品以外の物を入れないでください」とあります。食品以外の物を入れて、とんでもないことが起きたのでしょう。

一方で「子育てにマニュアルなし」という内容のマニュアル本もあります。マニュアルがないというマニュアルです。

いずれにせよ、親の思う通りに育たないのが子供と心得ておきましょう。思い通りにならないから子育てマニュアルがあります。マニュアル本は一度、読んだら頭の中から捨てましょう。

○なんでも比べる症候群

無分別《むふんべつ》

差は認めつつ、差にこだわらない

比べたことは
ファイトがわくパワーに変換する

「○●ちゃんはできるのに、なぜ、あなたはできないの！」

子供に言ってはいけないセリフです。

子供が持っている才能と未来の姿は子供自身の中にありますから、他の子供と比較できるものではありません。

それぞれ父も違いますし、母も違います。向き、不向きもあります。比較することは成長を阻害することです。子供を比較してしまうのは、ひょっとして、あなた自身が幼い頃、比較されたからではありませんか。

と、頭ではわかっていてもなかなかできません。

では、そもそも比較することは、そんなにわるいことなのでしょうか。

振り返ってみると、私たちは比較をしながら生きています。たとえば買い物です。

「あっ、今日はスーパーAのポイント三倍日！」

と比較をしてスーパーBではなくスーパーAを選びます。しかし、売り場に行くと似たような製品がいくつも並んでいます。

「こちらのヨーグルトのほうが二十円高いけど、私の好み」

「今日は予算がないから、和牛ではなくアメリカ産」

ほぼ毎日、行っていることです。着ている服も同じです。欲しいブランドのものは我慢して、似たようなものを探すこともあります。

そもそも結婚相手もそうです。

「△▲さんはまじめそうだけど、▲△さんは面白そう」

比較しながら迷います。迷う相手がいなくても、

「俳優の○△さんのような雰囲気が好き」

などと、理想像と比較をしながら選択します。大なり小なり、何かを決定するときは比較して選ぶと安心します。比較してよい方を選ぶとお得感があります。一方で結婚した後、

「□■さんは課長になったけど、あなたはまだなの？」

「■□さんは一戸建てを買ったそうよ。あなたはまだ？」

他の人と比べて愚痴をこぼすこともあります。

私たちの日常生活は「比べる症候群」で満ちあふれています。

にもかかわらず、子供だけ「比べる症候群禁止」というのはおかしな話です。

人は決断したり、利を得るため、優越感に浸るために比較します。しかし、比較する人や物を誤ると不利益をこうむります。過去にこんな経験はありませんか。

「ああ、〇〇さんって美人。足も長い。それに比べるとわたしなんて」

これでは落ち込むだけです。何一つとしていいことはありません。

子供も同じです。**他の人の子供の長所と自分の子供の短所を比較しても勝負にはなりません。**当然、親はガッカリ、子供は反発するだけです。

「比較すること」は、「うれしいこと」がある一方で「いやなこと」もあります。比較にはメリットとデメリットがあります。


そこで、比較するなら「無分別」です。道元禅師《どうげんぜんじ》（一二五三年寂）の『正法眼蔵《しょうぼうげんぞう》』にも登場します。次のような意味になります。

「無分別」とは「分別《ふんべつ》が無い」という意味です。「分別が無い」の「分別」とは、「複数の事柄の差を明確にし、優劣をつける見方」のことです。AとBを分けて比較し、その差にこだわることです。大小、多少、高低、優劣、長短、軽重などの差を明確にし評価します。私たちが通常、行っている「比較」のことです。自分への評価が低いとコンプレックスに陥ります。

禅語の「無分別」は、この「分別」の否定形ですが、**比較しても、その差をプラスに変換する見方をすることです。**

子供に当てはめてみましょう。

「○●ちゃんは百点、あなたは六十点」

差があるのは事実です。この先、「なぜ、あなたにはできないの！」と続けると「分別」です。

しかし、その差にこだわらない見方が無分別です。

そこで、**差を子供の努力目標に変換し、次の行動を明確にしてあげましょう。**

「六十点は合格よ、意外といい線いってるわ」

「十点足すと七十点」

こんなセリフを付け加え、「ぼく、やってみる」「わたしやってみる」と子供からファイトを引き出したいものです。過去と比較する手もあります。

「数学の試験で百点を取っている人もいるのにあなたは六十点ね。でも、この前、四十点ということは二十点の進歩。すごい！」

親の比較の仕方は子供の脳の回路に染み込みます。子供は無分別で比較しましょう。

さて、次のようなセリフが子供の口から飛び出したら、あなたならどう答えますか？

「●○ちゃんのママは、ママよりきれいだよ」

○子供の「好き」を広げる

一円相《いちえんそう》

一つの○《えん》で表現した悟りの世界

「好き」という一点は線となり、面となり やがて無限に広がる立体となる

親なら誰でも自分の子供が、よい学校に入学し、安定したよい職業についてもらいたいと願います。しかし、予想がはずれることが多いのが現実です。

「こんなことで、この子の将来は大丈夫なのか」

と心配すると、不安は大きくなるばかりです。だからといって、一方的に「勉強しなさい」と怒鳴るだけでは、何ひとつとして効果はありません。

しかも、親から見ると「そんなことに夢中になってどうするの？」「あなたには無理」「反対！」と思うこともあるかもしれません。つい、具体的に親が推薦する職業の名前を言ってしまうこともあります。

しかし、「好きなこと」を見つけるチャンスを作るのも親の役目です。なりたい職業を探すのではなく、「何が好きか」「何なら一所懸命になれるのか」「どう生きたいのか」を探す手助けです。

子供には子供なりの夢があります。

しかし、誰もが子供のときに夢みる世界で活躍できるわけではありません。夢みた有名な歌手や俳優、プロ野球やJリーグの選手になれるわけではありません。

たとえば、歌手になることを夢みたとしましょう。スポットライトを浴びて、多くの人の前で歌うことは、想像するだけでワクワクします。

そこで大切なことは、子供の「歌が好き」を親が広げてあげることです。

歌といっても、童謡、演歌、ポップス、ロック、レゲエ、アニメソング、ゲームソング、オペラと多種多様です。歌のジャンルはかなりの数があります。どんな歌が好きなのかは、耳で聞いてみないとわかりません。情報やソフトを紹介する、あるいはコンサートへ一緒に行く、チケットを渡す方法などがあります。

さらに、「歌が好き」は、「曲を作る」「編曲する」「楽器を演奏する」「楽器を作る」や、「音楽の歴史を知る」などにも広がっていきます。

俳優や女優も同じです。「脇役が好き」「映画監督が好き」「ドラマのシナリオを書くことが好き」「カメラマンが好き」などの「好き」もあります。

スポーツ関係も、「作戦を立てるのが好き」「サポートが好き」「スポーツ用品を作るのが好き」など、「好き」の世界は広がっていきます。

ひょっとして、こちらの分野のほうが好きになり、才能を開花する可能性もあります。**子供が興味あることの「好き」には無限のワクワクが眠っています。**

禅宗の掛け軸に墨で一つの円が書かれたものがあります。一円相です。円相図《えんそうず》ともいい、詳細は不明ですが中国唐時代の八百年代には書かれていたようです。

言葉では表現できない悟りの境地をあえて、一つの円で表現しています。墨跡《ぼくせき》は平面ですが、無限に広がる球体が秘められています。時間と空間を超越した宇宙の広がりです。

さて、円相のように無限に知識を求めた一人が南方熊楠《みなかたくまぐす》（一九四一年没）です。南方は、動物学、天文、歴史をはじめとする数多くの学問に精通した「知の巨人」です。

幕末、商人の次男として生まれます。南方がさまざまなことに興味を持つきっかけは、商品を包む紙に書かれていた広告の情報でした。脈絡がないものばかりですが、これが「歩く百科辞典」と呼ばれた南方の出発点です。さらに、十歳になると江戸時代の百科全書『和漢三才図会《わかんさんさいずえ》』百五巻に掲載されている図と文字を筆で写し、知識を広げていきます。

後にアメリカやイギリスに留学し、粘菌《ねんきん》の新種に関する論文を科学雑誌『ネイチャー』に発表します。しかし、専門分野を絞らなかったため研究者にはなれませんでした。帰国後、和歌山県の熊野《くまの》で植物など生物の研究に力を注ぎ、古今東西の民俗学にも発展していきます。

現在、行われている多くの研究は、一つのことをより深く専門的に追求していく方法です。一方、南方の研究方法は、専門化するよりも、関連したことへの広がりに特徴があります。

一見、脈絡がないように見えますが、南方に「世界に、不要のものなし」という言葉が残されています。南方が集めた知識と研究から生まれた言葉です。地球上にあるすべての命やものは、大なり小なりどこかで関連しているということです。宇宙も同じです。

脈絡のない好きなことを研究したからこそ、たどり着くことができた言葉です。小さいときに見た広告の情報が「好き」になったことから開けた世界観です。

「世界に、不要のものなし」は一円相を南方なりの言葉で表現したものといえます。「好き」なことも平面ではなく立体です。どこで、何の「好き」が結び合って出会うかわかりません。

南方のような特異な才能の開花を子供に期待するのではありません。一円相のように無限に広がらなくとも、広がるきっかけを手助けしてあげることはできます。

子供の「好き」を見つけて広げてみましょう。一点の「好き」は線となり、面となり、立体となる可能性を秘めています。その中に、将来、やってみたい仕事が見つかるかもしれません。

子供のワクワクが広がるのを見るのは、親にとってもワクワクすることです。

「好きなこと」を広げていくと、やがて、「自分が信じていること」につながっていきます。

○宿題「子育て日記」を書いてみる

老婆親切《ろうばしんせつ》

相手を思って、一歩踏み込んだ親切

子供を記録する時間は自分と夫婦を見つめる時間になる

子供の頃、「毎日日記をつける」「夏休みの絵日記」などめんどうな宿題の記憶はありませんか？　日記はまとめてかたづけることができないのが欠点です。

しかし、今となって振り返ると、「文章を書く力がつく」「持続力がつく」「一日を整理することができる」などメリットがあるよくできた宿題です。「後から読み返して、なつかしくて面白い」というおまけつきです。

今さらと思うかもしれませんが、「子育て日記」を宿題として書いてみるというのも、親子の関係を見つめる点で有効です。提出する必要はありませんので、気楽に書くだけです。

スケジュール帳やノートに書く方法もありますし、パソコンなどに残す方法もあります。

「○歳が過ぎてしまった」という人は、今からでもかまいません。過去のことも適当に思い出してみましょう。きどって書く必要もありません。「子育て日記」のポイントは六つです。

〈ポイント1〉子供のセリフを記録する。

〈ポイント2〉文章の基本は、新聞の三面記事。「いつ、どこで、誰が、何を、どうした」。

〈ポイント3〉自分の感想を一言、入れる。

〈ポイント4〉夫婦で協力して書く。

用例を紹介しましょう。こんな感じです。

○月○日　天気　晴れ　父
「おぎゃー」

午前十時、○○が○○産婦人科医院で生まれた。元気な大声だなあ。妻に感謝。
○月○日　天気　曇り　母
「ママ！」

朝の八時だろうか。日本語をしゃべった。私にははっきり「ママ」と聞こえたが、夫は認めなかった。今日も夫は第一声を「パパ」と言わせるつもりで訓練している。
○月○日　天気　晴れ　父
はじめてのランドセル姿。

「ぼく、一年生」

スポンサーのじいじとばあばは写真を撮りまくっている。
○月○日　天気　晴れ　母
「おかえりなさい」

「………」

口を利かない。いきなり部屋に入ってしまった。いよいよ反抗期のはじまりか？
○月○日　天気　雨　父
「こんにちは」

と挨拶したのは○○の恋人だった。こちらが緊張する。もう、そんな年頃だ。


二行〜四行くらい、夫婦交代で持続して書きましょう。写真や映像を適当にファイルする方法もあります。感情的なコメントは避け、楽しい思い出だけが残るようにしましょう。

〈ポイント5〉成人式の日、あるいは就職する日、結婚する日という節目で終了。

○月○日　天気　晴れ　父と母
「おめでとう」

「そして、ありがとう」

とうとうこの日が来ました。今日で、日記は終了です。

〈ポイント6〉子供に渡すときに、親のメッセージを表紙に添える。

「未来にまだ失敗はない」「人生の宝物はいやなことができる力」「風に向かって行け」など、ちょっと格好つけてみましょう。宅配便で届けるというのも面白いかもしれません。

このような親の心配を「老婆心」と言います。おばあちゃんが可愛さのあまり孫の世話を必要以上にする心遣いです。禅語では「老婆親切」と言います。臨済宗の名前となった唐の臨済禅師（八六七年寂）の『臨済録《りんざいろく》』の言葉です。

禅語の**老婆親切とは、一歩踏み込んで相手を思いやる親切のことです。**

禅宗の修行は自分自身との闘いですが、師僧や先輩の一歩踏み込んだ指導や励ましも必要です。これが老婆親切です。親切の「切」は「懇切丁寧《こんせつていねい》」の「切」です。

子供が「自転車に乗りたい」と目を輝かしたとしましょう。いきなり二輪車に乗れません。左右に補助輪をつけるのが老婆親切です。はずすのも同じです。必要以上に手助けすると子供はいつまでたっても自転車に乗ることができません。

雛《ひな》鳥はいつか飛び立っていきます。親鳥は自然の摂理の中で見守るしかありません。

一歩、踏み込むのは老婆親切、二歩はおせっかいです。

「子育て日記」の宿題は、子供、夫婦、家族、そして自分自身を静かに見つめる時間です。

○「親の心子知らず」でいい

啐《そっ》啄《たく》同《どう》時《じ》

悟りをひらこうとする弟子に、すかさず師が教示して悟りに導くこと

親の心を後からしみじみ感じる
啐啄不同時もある

「なぜ、そうなるの！」

「どうして、親の気持ちがわからないのよ！」

「あなたのためを思って言っているの！」

このようなセリフが出るときは、親の心が子供に伝わっていません。伝わらないことになおさら腹が立ち、子育てもいやになってしまいます。

親と子の心のタイミングが大きくずれています。

このタイミングをピタリと合わせることを禅語で啐啄同時と言います。師僧が弟子を悟りへ導くタイミングと弟子が悟りをひらくタイミングが一致することです。

啐は雛鳥が卵を中から叩くこと、啄は親鳥が外から殻を叩くことです。早すぎても、遅すぎてもだめです。どちらか一方がついただけでは雛は安全に外に出ることができません。同時にアクションを起こしたときが啐啄同時であり、雛の誕生です。

子供のやる気と親のサポートがピタリと一致することが親子の啐啄同時です。親はあせらずに子供の成長を見守るのと同時に、時機を失わないようにします。

時機を待つことと逃さないことが禅語に学ぶ親子の啐啄同時です。宋《そう》時代、圜悟《えんご》克勤《こくごん》禅師が編纂した公案集『碧巌録《へきがんろく》』（一一二五年成立）の言葉です。

「なるほどそうなのか」

と納得してはいけません。私も修行道場で同じようなセリフを宗忠老師から聞きました。

その日は、よほど宗忠老師の機嫌が悪かったのでしょう。呼び方がいつもと違います。

「おい龍兄《りゅうひん》！」

龍兄というのは私のことです。入門して玄龍《げんりゅう》という名前を老師からいただき、習慣で「龍」、あるいは「龍さん」と呼ばれます。兄は「さん」という意味の敬称です。

「おまえは、師が弟子のことをどれだけ思っているのかわかっているのか？」

いきなりそんなことを言われても、年若い修行僧は困惑します。

「啐啄同時という禅語がある。知っているか？」

「いいえ」

「鳥の卵が割れて雛が生まれるときの様子のことを言う。『啐』は、卵の中の雛が『もうすぐ生まれる』と殻をコツコツとつつくこと」

「『啄』は、親鳥が『大丈夫、出て来なさい』と外側からコツコツとつつくことじゃ。師と弟子のタイミングがピタリと合ってこそ、仏道修行は成就する。悟りをひらくことができる」

「わかるか?」

「はい」

「その顔はわかっていないいな」

老師にウソは言えません。すっかり、見抜かれています。

「弟子がコツコツとつつかないから、師もコツコツと叩けないではないか。師がコツコツと叩いても、弟子がコツコツと応えない。これでは啐啄同時にも啄啐《たくそつ》同時にもならん」

「……」

「まあ龍兄の場合は啐啄不同時《ふどうじ》じゃ。『親の小言と冷や酒は後で効く』と言うぞ」

私は下を向いたままです。

「まあいい、朝になったら起きて布団をたたみ、顔を洗い、朝のお勤めをする。とりあえず、日々のことをコツコツとやっておきなさい」

「はい」

どれだけ老師ははがゆかったのでしょう。それでも師は弟子を思い、弟子を叩き続けます。老師は亡くなられましたが、「啐啄不同時」という言葉が残りました。親子関係も同じです。「啐啄同時にならない！」と親が思ったときは、啐啄同時ではありません。啐啄尚早です。親だけが早いのです。あせっているのです。

啐啄不同時でもいい。しかし、種まきだけはしておきましょう。それには、

「朝起きて朝食を食べる」

「元気で学校へ行く」

「毎日、忘れ物をしない」

「宿題を忘れずに毎日、行う」

日々の生活を積み重ねていくしかありません。

親が亡くなった後、子供がコツコツという親の音を思いだしたときが啐啄同時です。コツコツと積み重ねた音が、いつか子供の琴線に響きます。「ありがとう」と思える日がきます。

宗忠老師も崇拝する師である山本玄峰《やまもとげんぽう》老師（一九六一年寂）から似たような言葉を聞いたのかもしれません。悲しいほどありがたいことですが、禅宗の師の啐啄同時にはこのような一面もあります。

師は亡くなってからも弟子に教えを説き続けます。

○子供の未来にしがみつかない

無功徳《むくどく》

どんなことにも見返りを求めない

知らない間にあなたは子供に代償を求めている

私たちは、何かを誰かに対して行うとき、「今回のことで何かいいことにつながるといいなあ」とどこかで期待しています。わるいことではありません。

反対に一所懸命したことが期待はずれの結果で終わるとがっかりします。子育ても同じです。

「行き詰まった」と思えるのは、ここまでの努力に対して、思った通りの成果がなかったために出てくる言葉です。

この気持ちの解決策は二つです。一つは期待していた通りの結果を子供が出すことです。二番目は、「期待した結果を捨てること」です。

「**何をしても見返りを求めない**」という心の教えが禅宗にあります。
達磨大師《だるまだいし》（五二八年寂？）の「無功徳」という言葉です。

インド出身の達磨大師は、苦難の末に中国にたどりつき、梁の武帝《りょうぶてい》と会って仏法について話を交わします。武帝は達磨大師に問います。

「私はこれまでに多くの仏塔を建立し、経文を写し、多くの人を僧侶にしてきた。このように仏教のためになる行いをしてきた。私と私の国にどのような功徳があるのだろうか？」

武帝は素晴らしい功徳がもたらされると思い、達磨に質問します。すると返ってきた答えは、武帝の意に反するものでした。

「無功徳」

つまり、達磨は「何の功徳もない」と言い放ちました。

「何の功徳もない？」

「仏の教えとは、仏教に帰依したからといって、世俗の何かが得られるものではありません」

「では、貴僧のいう功徳とは何なのだ」

「損得にかかわることのない清らかな心のことです」

この後もしばらくの間、問答が続きました。

武帝は仏教にご利益《りやく》を期待したのですが、達磨大師は「心のあり方」を説いたのです。

結局、武帝には達磨大師の教えの意味がわかりませんでした。そして、達磨大師は武帝のもとを去っていきます。

これが無功徳という禅語が生まれたときのエピソードです。

「子育てに行き詰まった」

と思えたのは、よい機会です。立ち止まって考えてみましょう。

あなたは武帝と同じように、子育てに何かの見返りを期待していませんか？

子供への気持ちは「オギャー」と生まれた瞬間、「かわいい」からはじまります。日々成長するにつれ、「ああしたい」「こうしたい」「こんな子供に育てたい」と希望に胸がふくらんでいきます。

愚痴をいい、怒鳴りながらも、あれこれと思いを巡らせます。そんなことが何回も続くと、

「なぜ、できないのか」

「なぜ、こうならないのか」

と頭の中で描く子供と現実の子供のギャップから「行き詰まった」という念に襲われます。

「行き詰まった」の裏返しは、子供への希望が変化した執着心です。

「こんなに私は子供のことを思っているのに」

「私は自分を犠牲にして子供のためにしているのに」

「やってあげているのに」

などなど、その先に何かを求めていませんか？

仮に「今の行き詰まった気持ち」をごまかせたとしても、子供に執着する限り、いつかは「行き詰まった」ことになります。親子関係はまだまだこの先、長く続きます。

この機会に子供に執着している自分の心に気づきましょう。

子供は親がいないと育ちません。子供は親にしがみつきながら育っていきます。しかし、いずれ子供は親から自立していきます。

仮に子供が親にしがみついたとしても、親が子供にしがみついていたのでは、いつまでたっても子供は自立できません。

たとえ、**どんなに子供の未来のことを思って行動しても、子供の未来にしがみつかないことです。**子育てに代償を求めないことです。

一度に心の切り替えはできないかもしれません。それでは、次に子供の顔を見たときに、「ありがとう」からはじめてみましょう。「行き詰まった」と思える経験ができるのも、子供がいるおかげです。

子育てに行き詰まったときは、あなたの心が子供への期待という執着心で行き詰まっているときです。「何かをしたからといって、何かを求めないこと」が無功徳です。

子供は親の口ではなく背中を見て育つ

両鏡《りょうきょう》相《あ》い照《て》らす

二枚の鏡がありのままの悟りの世界を映し合う

親の人生の指針は子供に受け継がれていく

（Q1）あなたは子供をどのように育てたいですか？　二つあげてください。

「　　　　　　　　　　　　　　　　　　　　」

「　　　　　　　　　　　　　　　　　　　　」

とは言うものの、子供があなたあるいはあなたの配偶者に性格や行動が似てきたと思うことはありませんか？　「子は親に似る」ということわざがあります。

当然、遺伝子を受け継いでいますし、同じ所で生活しているわけですから、環境が性格や行動を形成します。親が意識しなくても、子供は親の姿、仕草、行動、ものの考え方などに影響されます。

ある日の公園でのことです。ままごと遊びをしている子供がいました。
男の子「ただいま」
女の子「あなた、おかえりなさい。食事にします？　それとも風呂にします？」
男の子「食事」
女の子「それなら、コンビニで買ってきて。支払いはカード一回払いでね。はい」
と女の子は男の子に厚紙でできたカードを渡しました。
ことわざに「子は親の背中を見て育つ」とあります。子供は親の「言うこと」は聞かなくても、できそうなことは真似します。子供は親の顔でも口でもなく、背中を見て育ちます。
思い出してください。あなたも、親の背中を見て育ちました。そこで質問です。
（Q2）あなたは、両親のことをどのように思っていますか？　二つあげてください。
「　　　　　　　　　　　　　　　　　　」

「　　　　　　　　　　　　　　　　　　」

子供は大きくなるにつれ、思考力の向上とともに家庭以外での社会生活も増え、視野が広がります。自分の親の生き方に疑問を持つこともあります。

「どうして？」「なぜ？」「ここが嫌い」と思うこともあります。ありましたね。

しかし、**親の欠点は具体的な学びを提供してくれる、すばらしい反面教師です。**学校にはいない身近な先生です。

同居している親子は遺伝子的にも環境的にも同類ですが、意志を持って努力すると違う生き方をすることができます。**親のマイナスの生き方を子供はプラスの智慧に変換できます。**

裏を返すと、質問1と2は、「あなた自身がどのような人生を歩みたいか」という問いかけです。

「子は親の鏡」であり、「親は子の鏡」です。

禅語に「両鏡相い照らす」とあります。二枚の鏡がお互いにありのままの姿を映しあっている様子です。宋時代の公案集『碧巌録』（一一二五年成立）に出てきます。

鏡は磨けば磨くほどよく映り、よく反射します。放置しておけば、ホコリがたまり曇ります。親と子の関係は、向かい合った鏡のように、映し、映し出されながら受け継がれていきます。

子供のモデルは親です。親が「このような子供を育てたい」と思うのであれば、親がそのような生き方をしないと、真似ができないということです。

つまり、**あなたに人生を歩む指針がないと、子供には真似ができません。**

たとえば、仏教には各宗派ごとに宗旨《しゅうし》があります。宗旨はそれぞれ異なりますが、日常生活の生き方となる指針は、どの宗派も共通しています。

「感謝の気持ちを持つ」「精進する」「共生《ともい》き」などです。

「感謝の気持ち」からは、「やさしい心を育む」や「すべてのいのちを大切にする」などの心が芽生えます。

「精進する」からは、「努力を忘れない」「あきらめない」などの力が養われます。

「共生き」は「まわりに心を配る」「グローバルな生き方」などに発展します。

人生を生きる上では何かをするしないではなく、その行動の背景にある指針が重要です。**親が持つ人生の軸が、子供から見える親の背中の姿となります。**

「両鏡相い照らす」を親子の関係に意訳すると、「親も子供もお互いの姿を見ながら共に歩んでいく」となります。

そこで質問です。

（Q3）あなたの人生の指針を聞かせてください。

「　　　　　　　　　　」

「　　　　　　　　　　」

これがあなたの子育ての指針です。

親子が似ているということわざには、「蛙の子は蛙」「瓜《うり》の蔓《つる》に茄子はならぬ」などがあります。しかし、親は、「青は藍より出でて藍より青し」「鳶が鷹を産む」のように、いつか子供が親を越えていくことを願っています。

親が上から子供に声をかけ、上から手を差し出していたのでは、子供は親を越えていくことはできません。寂しいことですが、**子育ては子供への思いを少しずつ捨てていくことです。**

禅宗流五つの心のプログラムその2 **捨てる**

捨てた所は別世界

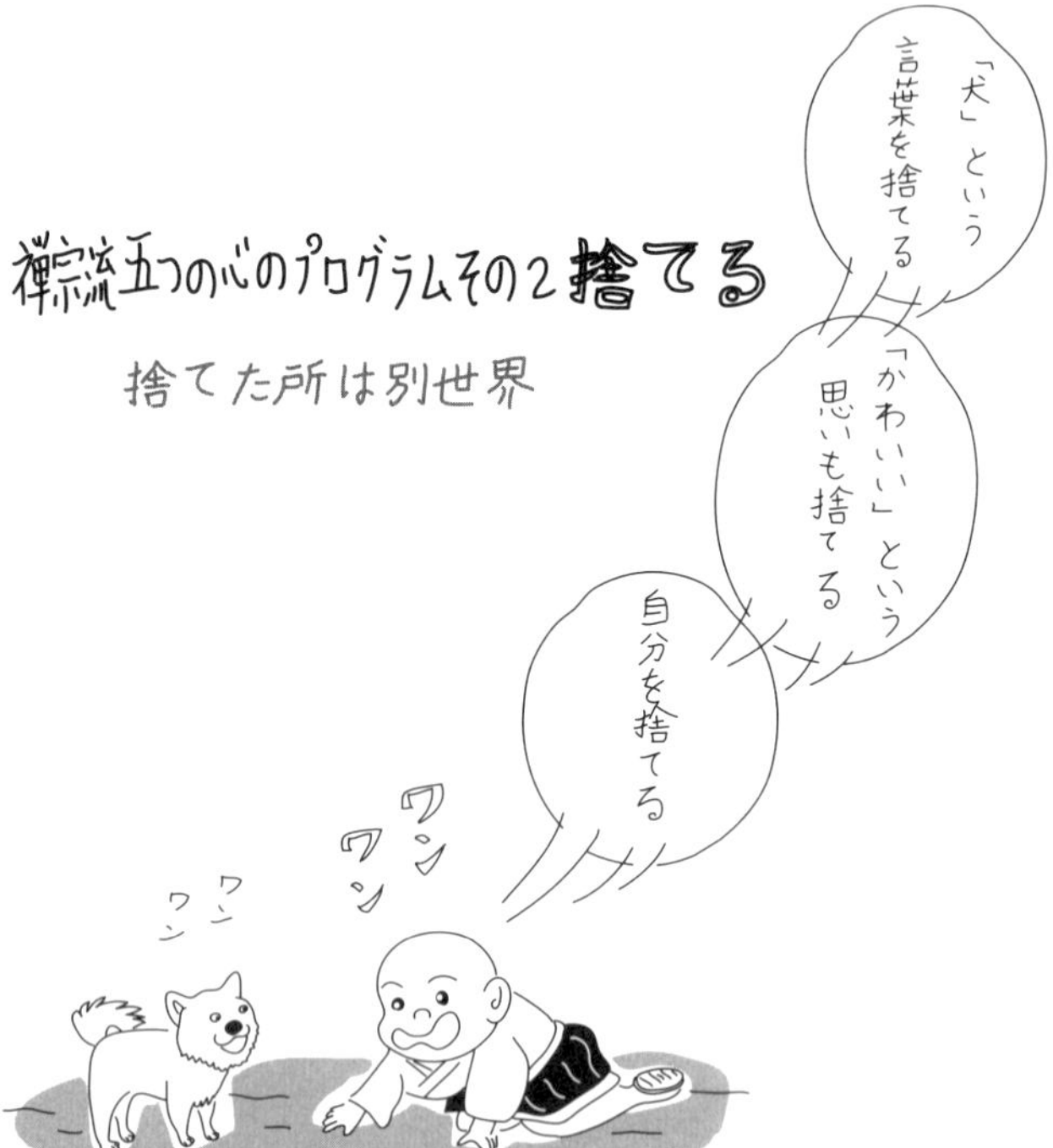

第3章

新しい恋に踏み出せないあなたへ

○自分で自分を縛らない

無縄《むじょう》自縛《じばく》

縄がないのに、自分で自分を縛っている

あなたは「新しい恋に踏み出す心」を見えない心のロープで縛っている

薄暗い部屋の窓からかすかに光がもれている。埃《ほこり》がどんよりと漂い真ん中にぽつんと椅子が置かれている。髪の長い女性がロープで縛られ、口にはガムテープが貼られている。

脇に男が三人、不敵な笑みを浮かべている。

バタン。

突然、入り口のドアが開く音がした。

ダダダダ。ダダダダ。

ドアに向かって銃声が響いた。

ガッチャーン。

同時にドアとは逆にある窓ガラスが割れ、ヒーローが登場し、男三人はあっという間に倒された。無事、女性は救出され、ロープが床にゆっくりと落ちていった。

映画やドラマでよく見かけるシーンです。縄で縛られ動けない状況から自由になりました。では、女性が縄に縛られていなかったらどうなるでしょうか。監視する三人の男も不要です。実は、これが恋愛に悩む姿の象徴です。とかく、恋愛はあれこれ自分で考えすぎて、動けなくなるものです。

「縄がないのに、自分で自分を縛っている」状態です。

禅語では「無縄自縛」と言います。「悟りを誤って外に求めたために、かえって迷いにとらわれてしまうこと」のたとえです。「間違った思い込みのため、本当の教えがわからなくなったこと」です。唐時代、百丈《ひゃくじょう》禅師（八一四年寂）の語録『百丈広録《ひゃくじょうこうろく》』の言葉です。意訳すると「自分の思い込みによって、正しい行いができないこと」です。今、あなたは、「新しい恋に踏み出せない」と思っていることに縛られています。何か恋愛にいやな思い出があるのでしょうか。それとも、今の自分に自信がないのでしょうか。「新しい恋に踏み込めなくなった理由そのもの」があなたを縛っています。

さて、そこで、いくつか質問をします。適当に書いてください。

（Q1）どのようなタイプの人が好きですか？

「　　　　　　　　　　　　　　　　　　　　　　　　」

このスペースでは書ききれない人もいるかもしれません。「好きになった人がタイプ」という回答もあるかもしれません。

（Q2）恋愛の対象にならない人はどのようなタイプですか？

「　　　　　　　　　　　　　　　　　　　　　　　　」

ところが、圏外だと思っていた異性を好きになることもあります。最初のイメージとのギャップに気づくと恋に落ちます。

（Q3）過去にいやなことがありましたか？

「　　　　　　　　　　　　　　　　　　　　　　　　」

（Q4）過去に楽しいことがありましたか？

「　　　　　　　　　　　　　　　　　　　　　　　　」

過去のことは忘れようとすればするほど思い出してしまいます。

（Q5）ところで、恋愛に何を期待しますか？

「　　　　　　　　　　　　　　　　　　　　　　　　」

「恋愛をゲームのように楽しみたい」や「異性を独占したい」、「人に自慢したい」など遊びの要素が多い人もいるかもしれません。また、「恋愛を利用したい」と思っている人もいないわけではありません。もちろん、「将来のパートナーを探したい」など恋愛の目的はさまざまです。

さて、新しい恋をするために捨てなければならない心は、（Q1）〜（Q5）に書き込んだことです。この先、**「いい恋」をするために、過去の「悪い恋」も「いい恋」も捨てましょう。**

恋愛に限りませんが、私たちは知らない間に、自分で自分の心を縛っています。

したがって、ドアや窓を打ち破って、椅子に縛られている人を救出するようなヒーローや白馬に乗った王子さまはやってきません。

目に見えない心の縄を解き放つことができるのは、あなた自身です。

とりあえず、捨てるのは「新しい恋に踏み出せない」と思う心です。

今や恋愛は若者だけのものではありません。高齢になっても楽しむことはできます。恋愛は楽しくやりましょう。ただし、あまりにものめりこんでしまうと、また、「新しい恋に踏み出せない」事態に陥ってしまいます。

「あなたしか愛していない」

という最終兵器のセリフは使わないことです。

「幸せという文字は、この人と一緒にいるためにある」

などと思わないことです。

「恋愛にすべてをささげない」ことを心の片隅に置いて恋愛をしましょう。

○失恋話に花を咲かせて散らす

莫妄想《まくもうぞう》

考えても無駄なことは捨ててしまう

恋愛を楽しむために
忘れることも学ぶ

時々、若い人から恋愛の相談を受けることがあります。相談を受けたときは、とにかく話を聞くことが大切です。

「私は、ずっと好きでいたいのです」

このセリフを聞いたときは、もう、どうしようもありません。すでに恋愛が終わっているときです。いえいえ、そんなことは相手には伝えません。あくまで、私の心のささやきです。

「振り返ってもらいたい」

振り返ってもらいたいと思った相手は振り返りません。これも、話を聞きながらの私の心の感想です。以下、同様です。

「私、待ったほうがよいでしょうか」

待つ間、恋の苦しみが続きます。別のよい相手と出会うチャンスを失います。

「私には、こんな思い出があります」

と、恋人との楽しいエピソードを涙しながらも目を輝かせながら語る人もいます。

「でも、みんな悲しい思い出になってしまいました」

失恋が悲しいのではありません。失恋した相手との恋の思い出を美化すると、倍増するのは悲しさです。

「なぜ、彼は私から去ったのでしょうか」

ハンカチで目を押さえています。しかし、あなたから去った相手は、あなたのために涙を流すことはありません。その相手に大粒の涙を流すのですか。

「『お互いに前向きになっていい人を見つけよう』って言われました」

そうささやいた人は、前向きになる前に横道にそれていった人です。

うなずきながら話を聞いていると、途中で「何か言ってください」と訴えてきます。そこで、少しだけ、お説教じみたことを言います。

「苦しんでいる原因は、わかりましたね。今、あなたが私に話したことです。それが答えです」

たいていの人は、ここで気づきます。恋愛のはじまりは無理かもしれないことへのチャレンジですが、恋の終わりは恋を失いたくない気持ちとの闘いです。

さて、中国唐代の無業《むごう》禅師（八二一年寂）は、何を尋ねられても、いつも「莫妄想」と言い切ったそうです。

「〜とはどういうことでしょうか」

「莫妄想」

という会話です。この会話を現代語訳してみましょう。

「〜」

「今、言ったことを考えなければ、そこが悟りだ」

だから、無業禅師は何を言われても「莫妄想」で押し通したのです。超訳してみましょう。

「〜」

「**今、言ったことを考えなければ、問題は解決している**」

ここで、「莫妄想」に関するエピソードを紹介します。江戸末期から明治にかけて活躍した原《はら》坦山《たんざん》禅師（一八九二年寂）の若き日のことです。

坦山禅師とその友人の僧侶は師僧を求めて諸国行脚《しょこくあんぎゃ》の旅に出ました。ある日のこと、小川を渡ろうとすると、若い女性がその流れを恐れ、渡れずに立ち止まっていました。

「さあ、わしにつかまりなさい」

坦山禅師は声をかけ、その若い女性をさっと抱き上げ、そのまま向こう岸まで渡りました。若い女性は頭を下げてお礼を言い、坦山も気にもせず一礼して道を歩き出しました。

しばらくして、連れの禅僧が、怒りの表情で坦山に詰問しました。

「お前はけしからん、僧侶の身でありながら、先ほど、なぜ、女を抱いたのだ!」

すると、坦山禅師は大笑いしてこう答えました
「なんだ、お前はまだ女を抱いていたのか。わしはもうとっくに女をおろしてきたぞ」

「莫妄想」の超訳にあてはめてみましょう。

「お前はなぜ、僧侶の身でありながら、女を抱いたのだ」

「今、言ったことを考えなければ、問題は解決している」

失恋も同じです。**忘れるために失恋話を親しい人にしましょう。**一回飲んですぐに効く薬は毒薬以外にはありません。時間も必要です。**失恋の妙薬は時間が経過することです。**

別の日にこんな質問を受けました。

「どうして、ぼくには恋人ができないのでしょうか?」

うーん、恋愛にはある程度のテクニックが必要です。

恋をして苦しむ人もいれば、恋のないことに苦しむ人もいるわけです。恋はしても、しなくても人を苦しめるものと心得ておきましょう。

とにかく、**恋愛をするなら、笑って忘れるテクニックも同時に覚えましょう。**つらい記憶を捨てることが、心の痛みを消すことです。

恋の一休み「あいうえお」

一休《いっきゅう》

一休《ひとやす》みとは悟りのための修行期間

一度、止まって心を大きくかまえ新しい恋は新しい心の中に入れる

とんちで有名な室町時代の禅僧、一休禅師（一四八一年寂）のエピソードです。一休さんがまだ二十五歳の修行僧だったとき、師の華叟《かそう》禅師（一四二八年寂）と問答がありました。

華叟《かそう》「人はどこから来てどこへ往《ゆ》くのか」

一休「有漏路《うろじ》より無漏路《むろじ》へ帰る一休《ひとやすみ》　雨降らば降れ　風吹かば吹け」

一休さんの歌を口語訳してみましょう。

「人は煩悩の多い者のいる世界、有漏路からやってきて、悟りの世界である無漏路へ往きます。今は修行中です。悟りの世界から見ると一休みしているようなものです。ほんの短い期間ですから、雨が降るなら降ればいいし、風が吹くなら吹けばいい、あるがままにまかせるだけです」

一休さんの「一休」は「休憩」の意味だと思いがちです。しかし、この歌から解釈すると「**一休とは禅の修行中**」のことです。悟りの世界へいたるための修行期間です。「続けてきたことをしばらくの間行わない」「くつろぐ」という意味ではありません。

そこで、恋も一休みしてみましょう。


〈恋の一休み「あいうえお」〉

（あ）新しい恋は新しい心に入れる。

「新しい酒は新しい革袋に盛れ」ということわざがあります。

『新約聖書』マタイによる福音書第九章の一節です。該当箇所を口語訳すると「新しいぶどう酒は古い革袋に入れてはいけない。革袋が破れて酒が漏れるし、袋もだめになるからである。新しいぶどう酒は新しい革袋に入れなさい。ぶどう酒も袋も両方、保たれる」となります。

「新たな恋に踏み出せない」と思っている心に新たな恋心を入れてはいけません。今のあなたの心も、新しい恋も失ってしまいます。「よい恋」をするために過去は捨てましょう。

（い）一回、止まって過去を捨てる。

タカラトミーの「人生ゲーム」などには「一回休み」というルールがあります。損したように思いますが、人生を歩む上でも「一回、休み」は有効です。止まって過去を捨てる修行です。

過去にあったことを考えると、そこに余計な感情が結びついてしまいます。**過去の記憶に余計な感情が結びつくことが、迷いや苦しみの原因です。**

悲しいときは泣くのが一番です。涙という字は「氵」に「戻る」と書きます。涙を流しきった所から、笑顔が戻ってきます。泣くという字は「氵」に「立つ」と書きます。涙を流しきった所から一歩、一歩、立ち上がっていくことができます。

（う）失っているものは未来には何もない。

失恋した相手の思い出が、美化されていくのはなぜでしょう。未練が残っているからです。過去に幸せを感じた楽しい時間があったからです。

仮に何か失ったものがあるとしても過去のことです。過去の思い出で現在の自分を責めないことです。

未来には何も失っているものはありません。

（え）縁結びのパワースポットを訪ねる。

新しい恋に踏み込めないからといって、家にひきこもっていても、何もよいことはやってきません。仕事があれば、いつもの通りに勤務しなければいけません。余計なことを考えてしまうと仕事や日常生活にも影響がでます。

外に出て気分転換をしましょう。遊びに出かけましょう。新たな出会いに恵まれるように、縁結びのパワースポットを訪ねるというのも一つの手です。

たとえば、京都の修学旅行で清水寺《きよみずでら》は定番の一つですが、境内の中に地主《じしゅ》神社があります。ここは大国主命《おおくにぬしのみこと》を主祭神《しゅさいじん》とする縁結びの神社です。創建期は不詳ですが京都では最古の歴史を持ちます。

淡路島《あわじしま》にある伊奘諾神宮《いざなぎじんぐう》は、推定四世紀には存在していた日本最古の神社だといわれています。日本の国を生み出した夫婦の神様であるイザナギとイザナミが、一番初めに生み出した島とされる淡路島の神社です。下田にも、伊豆最古といわれる白浜《しらはま》神社があります。

訪ねてみると意外な発見があるものです。神仏に手を合わせると心のリフレッシュができます。「よい縁に恵まれる」と思う種を心の中にまいておきましょう。

（お）大きく心をかまえる

今までよりも心の中にある恋のフィールドを広げてみましょう。新たな恋のための「あいうえお」の「あ」は「新しい恋は新しい心に入れる」です。今までよりも大きな心の中に恋が入るようにイメージしましょう。

〈恋の一休み「あいうえお」〉は「ブレイクタイム」ではありません。次へステップするためのインターバルです。人生を歩むためのほんの短い間の心の修行期間です。

幸せは自分の心の中にあります。何かを所有することではなく、幸せに気づくことです。恋も同じです。恋の一休みで心を調《とと》えて前に進みましょう。

イケメンに左右されない

花枝《かし》に自《おの》ずから短長《たんちょう》あり

それぞれの場所で花は咲いている

いい男、いい女の条件は常に変化する すでにわたしたちはイケメン

語源は定かではありませんが、「容姿がすぐれている男性のこと」を「イケメン」と言います。「いけてる」「面」あるいは「メン（men）」です。女性は「イケ女《め》ン」と呼ばれているようですが、これも定かではありません。

ちなみに、あなたはイケメンですか？　イケ女ンですか？

ひょっとして、あなたは自分が「イケメンでない」「イケ女ンでない」と思い込んでいませんか。

では、イケメン、イケ女ンとはどのような人のことを言うのでしょうか。少しだけ歴史を振り返ってみましょう。

奈良時代は、ふくよかであることが男女ともに富の象徴でした。したがって、男性に人気があったのはポッチャリとした太目の女性です。現在は、ダイエットが流行していますが、逆のことが流行する気配はありません。スリムな体型は奈良時代ではもてなかったのです。

平安時代になると、やはり富の象徴はふくよかさです。美女の顔立ちは、「瓢簞《ひょうたん》型の顔」「ふくよかで柔らかそうなほほ」「切れ長の目」「おしとやかな口」「小さいながらも筋の通った鼻」、そして、「長くあでやかな髪」「きめが細かく色白の美肌」などです。

奈良時代と大きく違うことは、「和歌が読めること」です。男女問わず美男美女の絶対条件でした。現代の携帯やメールの役割をしたのが和歌です。和歌がうまくないともてない時代でした。

理想のプレイボーイは『源氏物語』に登場する光源氏《ひかるげんじ》です。色白、ほっそりした顔、くっきりとした目鼻立ち、マナー・常識・教養がある、家柄がいい、貴族としての位が高いなどです。また、知識をもっていても「自慢しない」ことも重要なポイントです。現代は、いかにアピールするかがポイントです。

鎌倉時代になると、公家の時代から武家の時代になります。男性は武芸の素養が重要です。また、木曾義仲《きそよしなか》と一緒に平家と戦った女武者の巴御前《ともえごぜん》、源義経《みなもとのよしつね》の恋人、踊り子である白拍子《しらびょうし》の静御前《しずかごぜん》、歌舞伎踊りの出雲阿国《いずものおくに》など、武芸や文化面に秀でた美女も登場します。現在に伝わる「能面」は、当時の「理想的美女」であったそうです。

江戸時代は、「色白」「ふっくらしている」など美人の一定条件はあったものの、流行の入れ代わりが激しかったようです。

ここは現在にも共通しています。流行をキャッチするのは、モテる条件の一つです。女性のファッションリーダーは遊女《ゆうじょ》です。ただし、生け花、茶の湯、和歌、俳句にも通じていなければいけません。

それまでは女性の化粧といえば白粉《おしろい》をベッタリと塗るのが一般的でしたが、江戸時代頃からすっぴんに近いナチュラルメイクが主流となります。

江戸時代にモテた職業は「火消しの頭《かしら》」「力士」「与力《よりき》」でした。

明治、大正、昭和の時代に入ると美男美女といわれる人の姿は、現在とさほど変わらなくなります。昭和が終わるバブルの頃は「三高《さんこう》」という言葉が流行しました。女性が男性に求める「高学歴・高収入・高身長」という三つのスペックです。

最近の傾向は「やさしい」「価値観が合う」などが上位です。「借金をしない」「浮気をしない」などもあります。何かに秀でるよりも生活の安定を求めているようです。

要するに、**美男美女の条件は、時代と共にいろいろと変化します。**

さて、宋時代の『普灯録《ふとうろく》』に「春色無高下　花枝自短長」という禅語があります。「春色《しゅんしょく》に高《こう》下《げ》なく、花枝《かし》は自《おの》ずから短長《たんちょう》なり」です。春の日差しは平等に降り注いでいます。その日差しを受けるさまざまな花は、長さや形、色も多種多様です。咲く時期も違います。向きも違います。それぞれの場所で色とりどりの花が咲いています。

これらの花にあえて「イケメン」と同様に「きれいな条件」をつけるとすると、「枝の長さが五センチから七センチメートルがきれいな花」などとなります。

しかし、誰かが一方的に定義しているにすぎません。

私たちの姿も同じです。花の枝に短長があるように、奈良時代以前から現在にいたるまで人の姿も千差万別です。モテる姿や条件はさまざまで、はやりすたりもあります。

「今、はやりの何かの条件にあてはまらない」

といって、悲観することはありません。

「○○さんのようなイケメン（イケ女ン）だったらなあ」

と思う必要もありません。

「今、これがイケメン」「これがイケ女ン」と言っていても、しばらくすれば変化してしまいます。「イケメン」という言葉すら死語になってしまうかもしれません。

イケメン、イケ女ンという文字や言葉や定義に左右されることはありません。

花の茎の長さがそれぞれであるように、自分流のいい男、いい女を目指しましょう。

各自の命が個々の場所で輝けばいいのです。

私たちはすでに、イケメンでありイケ女ンです。

◯「恋愛スイッチ」をオンにし、オヤジ化症候群ストップ

道心《どうしん》

大切なことは求める心を持つこと

恋愛ニートから脱出するために
人を好きになることも生活の一部にする

最近恋をしたのはいつですか？

「うーん、いつだったかなあ」

「いつだったかしら」

と思えたら要注意です。まわりで、「恋人ができた」「婚約した」「結婚した」という声を聞いてもあまり、気になりませんか。確かに恋愛そのものをしない人も増えています。不必要だと思っている人もいます。まわりの状況はともかく、**恋愛のスイッチはオンにしておきましょう。**

「恋愛は向かない」

「私なんかには無理」

「面倒」

「もう、イヤ」

などと思っている心は、一度スイッチオフです。恋愛が成就するしないは別にして、「恋愛スイッチ」はオンにしておきましょう。極めて重要な心のスイッチです。

仏道修行にあてはめると「道心」です。「修行しようとする決意」です。

道元《どうげん》禅師（一二五三年寂）の『正法眼蔵《しょうぼうげんぞう》』「道心」の巻に「仏道を求めるには、まず道心をもつことが最初である」とあります。

何事を行うにも「やろう！」という心構えです。

僧侶には決意をするための儀式もあります。得度式《とくどしき》です。師僧の導きで僧侶の仲間入りをする儀式です。僧侶として守らなければいけない戒律《かいりつ》と、俗世とのつながりを断つための新しい名前もいただきます。

決意にはそれにふさわしい衣食住があります。

着るものは衣と袈裟《けさ》です。食事は一日三回、精進料理です。住まいは共同生活です。一人では道心が揺らぐこともあるからです。

「道心の中に衣食住あり」です。

道心があるからこそ、衣食住が調います。ただ単に衣食住を調えただけでは、道心は芽生えません。やがて、衣食住も乱れていきます。

仏教の場合、道心スイッチを入れないと、単なるコスプレになってしまいます。

今、衣食住は調っていますか？

別の言い方をすると「知らない間にオヤジ化していませんか」という問いです。「オヤジ化」は実に自覚しにくい現象です。

「仕事のことで頭がいっぱい」

そう思っている人は立ち止まって、今の自分の生活リズムを振り返ってみましょう。

修行道場では日常生活そのものが修行ですが、実社会ではそうはいきません。仕事以外の時間もあります。この時間をどのように使うのかも重要です。

「朝食が面倒くさい」

「面倒くさいから、衣類を適当に出しっ放し」

「仕事が忙しいから、帰って食事をして入浴しないまま寝てしまう」

「シャワーも面倒くさい」

思い当たる節があれば、「オヤジ化症候群」です。

「～するのが面倒くさい」というのは危険です。生活のリズムが崩れていきます。

恋愛をしていないから「オヤジ化している」とは言い切れませんが、「オヤジ化症候群」が進めば進むほど、恋愛から遠ざかっていきます。気を抜いたままでいると、男性に限らず女性も無自覚のまま「オヤジ化症候群」が慢性化します。

「恋愛スイッチオン」は「オヤジ化症候群」の予防に効果的です。**恋愛スイッチを入れることは、生活を調えることに通じています。**

「仕事で時間がない」

「機会がない」

と思ってあきらめてしまえば、何も得ることはできません。**あきらめなければ工夫することを思いつきます。**

「恋愛をすると苦しむことになりそう。それならばしないほうがいい」

と思うかもしれません。しかし将来、

「なぜ、あの時に恋愛をしなかったのだろうか」

と苦《にが》い思い出になります。チャンスはどこにあるかわかりません。目の前にあるのに気づくこともできなくなってしまいます。

とりあえず、「恋愛は面白そう」と気楽に考えてスイッチオンです。素敵な人を見たら、素敵だと思う**「恋愛スイッチ」を入れ、恋愛することも生活の一部にしましょう。**

恋愛はチャンスではなく意思です。選んだ相手はあなたの人生の縮図です。

何かスーパーマーケットで好きな物を選ぶこととは違います。いきなり自分の身に降りかかってきます。衣食住の生活を調え、恋愛ニートから脱出しておきましょう。

素敵な「片思い」をしてみる

一切唯心造《いっさいゆいしんぞう》

すべては心が造りだしている

大切にしたい心は
素敵な人を素敵だと思う心

このさい素敵な片思いをしてみませんか。

そもそも恋は突然の片思いから始まります。人が「好き」「きらい」などの第一印象を感じ取る時間は〇・一秒だといわれています。人は一秒かからずに一目惚れに落ちます。

たとえ劇的な一目惚れでなくても、恋心は一秒かからずに芽生えることになります。人となりを考えても七秒程度です。

「運命の人と出会えた」

と思える瞬間です。「その人のことばかりが気になる」「早く会いたい」「一緒にいるとドキドキしてしまう」など胸騒ぎがします。

思う人の気持ちで一杯になった「片思い」は心寂しいものですから、「私のことを好きになって欲しい」と相手に望みます。しかし、アプローチの仕方がよくわからないと、「無意識に目で追う」「相手の目線を避ける」「冷たい態度をとる」などの恋の初期症状が出ることもあります。思いが叶《かな》わなければ失恋になります。

恋がみのると両想いになります。ハッピーな日々が続きますが、あらたな不安も生まれてきます。

「この恋が長く続いて欲しい」

二人の関係が壊れることを恐れるようになります。

恋する相手が、他の人に心を奪われそうになると嫉妬が生まれます。

「私だけを見ていて欲しい」

相手が心変わりしてしまっても、自分に思いが残っていれば、

「もどってきて欲しい」

と思います。一方、相手の心変わりが原因で別れてしまうこともあります。それでも、未練があれば、

「私の気持ちを返して欲しい」

と思います。何か重要なものを相手に取られてしまった感覚です。

逆に一目惚れをしてみたものの恋心が一気に冷めると、こちらから、

「別れて欲しい」

と、さよならを切り出すこともあります。相手が納得しないと、

「私の気持ちをわかって欲しい」

と終了宣言をします。ごく普通にみかける恋の話です。

冷静にながめてみると、恋の根底にあるのは「〜して欲しい」という気持ちです。恋は、自分の気持ちを相手に伝えるのではなく、相手に自分を好きになって欲しいと望む心のはたらきのことです。この心の動きを仏教では、「執着心」と書き、「しゅうじゃくしん」と読みます。

しかも、恋は相手に執着するのではなく、実は自分の気持ちに執着することです。


さて、『開甘露門《かいかんろもん》』というお経の一説に「一切唯心造《いっさいゆいしんぞう》」とあります。直訳は「すべての現象は、ただ心が造り出している」となります。前後を意訳すると、「過去、現在、未来にわたる普遍の悟りを知りたいならば、すべては心が造り出している世界であると知りなさい」となります。

超訳すると「**人の心は自分に都合のよいように動いてしまう**」となります。

思いが記憶を作り、過去の記憶に現在の思いが重なると執着心になります。

たとえば、目の前に花があったとしましょう。

花を見つめて意識すると、「きれいな花だなあ」と心が動いて花を表現します。この後、花に

こだわれば「何という名前の花なのだろう」「持って帰って家に飾りたい」などと次から次へ思いが湧き出てきます。

恋も同様です。「素敵な人」と思ったあと、「名前は？」「連絡先は？」と、こだわればこだわるほど心は動きますし、心が動けば動くほど恋に悩むことになります。

心が「～して欲しい」と要求しても、意のままになるとは限りません。

人生が思い通りにならないのは四苦八苦があるからです。その中の一つが求《ぐ》不《ふ》得《とっく》苦です。

そもそも、**自分が欲しいと思っても手に入らないのが人生です。**

『開甘露門』が説くように、「私のことを好きになって欲しい」「二人の恋が長く続いて欲しい」「もどってきて欲しい」などの執着心は、すべて人の心が造りあげたものです。

そこで提案です。花を見て、「きれいだなあ」と思った最初の心の動きと同様に、恋心も「素敵な人を見て、素敵だと思う」、ここで心を止めてみましょう。

きれいな花を見て、「きれい」と思う。おいしいものを食べて「おいしい」と思う、素敵な音楽を聞いて「素敵」と思うのは、ごく自然な心の動きです。

素敵な人を見て「素敵」だと思うのもごく自然な心の動きです。ただし、そこから先の心の動きをストップしてみましょう。「片思い」から前に進む必要はありません。

一目惚れや人に恋することはそのままにして、その先を求めない恋をしてみませんか。

そんな恋の楽しみ方もあることを覚えておいてください。片思いも立派な恋愛です。

恋からはじまらない恋もある

無心

あるがままにまかせる

好きなサークルを探し
気ままに楽しみ遊ぶ

良寛さん（一八三一年寂）は江戸時代後期の曹洞宗《そうとうしゅう》の僧侶です。大忍国仙《たいにんこくせん》禅師から、悟りをひらいた印可状《いんかじょう》をもらいます。多くの場合、後輩の指導にあたるのですが、良寛さんは自由奔放な生き方を選択します。酒もたばこも好きでした。歌人でもあり漢詩人でもあり、独特の書風の書家としても有名です。

近所の子供たちと手鞠やかくれんぼをして楽しく遊んでいました。こんな歌もあります。

この里に　手鞠《まり》つきつつ　子供らと　遊ぶ春日《はるひ》は　暮れずともよし

口語訳してみましょう。

「この里で手鞠をつきながら子供たちと遊ぶ春の日暮れは、このまま暮れないでいてほしい」

この歌に魅了されたのが貞信尼《ていしんに》でした。

良寛さんは晩年、長岡市和島《わしま》の木村家に身を寄せていました。貞信尼は長岡藩士の娘で、医者に嫁ぎますが死別し、得度して尼僧となり、長岡市福島の閻魔《えんま》堂にいました。

二人が出会ったのは、良寛さん七十歳、貞心尼三十歳の頃と言われています。年の差四十です。最初、良寛さんは貞信尼と会うことを断っていました。そこで、貞信尼は次のような歌を詠みます。

これぞこの　ほとけの道に　遊びつつ　つくやつきせぬ　みのりなるらむ

口語訳は、「良寛さまは、これが仏の道を歩むことであると、つきることのない手鞠をついて遊んでいらっしゃいますが、いくらついてもつき終わらないのが仏の教えなのでしょうか」となります。「みのり」は「御法《みのり》」のことで、仏教のことです。意訳してみましょう。

「つきることのない修行と精進を続けるのが仏の道と聞きます。私もそのつきることのない世界へお導きください」

この歌に、「おお！」と思ったのでしょう。良寛さんが応えます。

つきて見よ　ひふみよいむなや　ここのとを　とおとおさめて　またはじまるを

こんな意味です。

「それならば、一緒につきることのない手鞠つきをしましょうか。一二三四五六七八九十、十まで数えたら、また一から始めましょう。ほらね、つきることはないでしょう」

こうして、良寛さんと貞信尼の交流がはじまります。二人は折に触れて会い、花鳥風月を楽しみ、仏の世界を語り、歌を詠み楽しみました。

最初は仏の教えを学ぶ師と弟子でした。そして、和歌を詠み合う仲間でした。しかし、やがて、ほほえましい恋人の関係にもなっていきます。

良寛さんに次のような漢詩があります。

花は無心にして蝶《ちょう》を招き、
蝶は無心にして花を尋《たず》ぬ。
花開く時、蝶来たり、
蝶来たる時、花開く。
吾《われ》もまた人を知らず、
人もまた吾を知らず。
知らずして帝則《ていそく》に従う。

花と蝶の関係は二人の間柄のようにも読み取れます。口語訳しながら超訳を加えてみましょう。

花は蝶を誘っているわけではない。
蝶もまた花を訪ねようとしない。
花が咲くと、蝶がやってくるし、

蝶がやってくる頃には花が咲いている。
私はあなたのことを知らないままでいる。
あなたも私のことを知らないままでいい。
ただ、二人は天地の法則にそって出会っているだけである。

良寛さんが貞信尼との時間を楽しむことができたのは、共通する趣味を気ままに共有できたからです。**楽しさは無理せず、自由に振る舞う所から生まれます。**

だからこそ、二人の交流は七十四歳で良寛さんが亡くなるまで続きます。貞心尼は良寛さんが亡くなった後、それまで交わした歌などを『蓮《はちす》の露』という歌集にまとめます。

この話は江戸時代のことですが、現代でも和歌や俳句、短歌、川柳などのサークルは数多くあります。仲間と作品を作り、発表し、批評することは楽しいことです。

もちろん歌の世界だけではありません。インターネットで探せば楽しめる世界は無数にあります。リサーチして出かけてみましょう。

恋が目的ではありません。恋に発展するかもしれませんが、しないかもしれません。誰にもわかりません。何も考えずに自然にまかせるだけです。求めなければ失うものもありません。

何かの趣味で人生を楽しむ時間を共有できるパートナーは貴重です。求めることなく探すことなく出会えたらなおさらのことです。

○恋の足元作戦

看脚下《かんきゃっか》

自分の足元をよく看《み》る

勝つのではなく負けないための恋の戦術
よく見るのは相手ではなく自分

宋時代のことです。五祖法演禅師（一一〇四年寂）が三人の弟子を連れて寺に帰る途中、風で灯りが消えてしまいます。五祖法演禅師が「さあ、どうする」と問いかけます。すると、圜悟克勤《えんごこくごん》禅師（一一三五年寂）が「看脚下」と答えました。「真っ暗ですのでつまずかないで歩いていきましょう」ということです。

意訳すると「余計なことを考えずによく見ましょう」「**ありのままの自分をよく見ましょう**」「自分を見失わないようにしましょう」となります。

これを恋愛に応用してみましょう。

〈自分を知って恋愛を成功させる5つの作戦〉

（作戦その1）相手にアピールする前に自分がどのようなタイプであるかを知る

あなたが恋心を持つ相手は、あなたから見て何かの魅力を持っているわけです。その相手を振り向かせるには、相手があなたに魅力を感じなければ成立しません。

あなたはどのようなタイプですか？

「知的なタイプ」でしょうか、運動が得意な「スポーツ系」でしょうか、それとも「仕事に燃えるタイプ」でしょうか。「ナルシスト」や「チャラい」という分析もあるかもしれません。

趣味はなんでしょうか？

（作戦その2）自分がどのような人を好きになるのかを知る

あなたはどのようなタイプの人が好きですか？

「イケメン」でしょうか、「ダンディ」でしょうか。「かわいい人」でしょうか、「美人」でしょうか。

そして、（作戦その1）の自分自身がどのようなタイプなのかと合わせてみましょう。

スポーツ系の人が好きな相手に文科系の人がアタックしても、成功の確率は低くなります。成功の確率の高い相手を選ぶというのが作戦です。

嫌いでない人は好きになれます。「美人」「かわいい」という基準や好みも千差万別です。

「好印象」「やさしい」「謙虚」「性格が合う」「一緒にいて楽しい」などで勝負できます。

それから、次のことも重要です。

「私はライバルにルックスで負けている」

「あの人には勝てない」

「足元にも及ばない」

などと思う必要はありません。思った瞬間に恋は終わってしまいます。ライバルに不安をいだいたら負けです。

表現は悪いかもしれませんが、すべての人が「モテる人」とつき合いたいと思っているわけではありません。「モテない人」に恋心を持つ人もかなりいます。

「素敵」「かわいげ」は見た目だけではなく、その人の人となりからあふれるものです。


（作戦その3）恋愛に何を求めているのかをはっきりさせる

ところで、あなたは恋愛する相手に、何を求めていますか？

恋愛を楽しむことが目的でしょうか。お互いを成長させていくことが目的でしょうか。それとも結婚でしょうか。

目的が「恋愛を楽しむ」「お互いを成長させる」ことであれば、ライバルがいてもライバル視する必要はありません。ライバルの足を引っ張ったり、足蹴《あしげ》にすることは不要です。


（作戦その4）アピールしないアピール方法

スティーブ・ジョブズの名言に「美女にライバルがバラを十本贈ったら、君は十五本贈るかい？　そう思った時点で君の負けだ」という名言があります。

バラを百本贈ったら、心が動くこともあるかもしれませんが、ライバルと同じようなことをしていたのでは勝負になりません。独創性が必要です。

自分をアピールしないでアピールする方法があります。それは単純な方法です。「楽しく相手の話を聞くこと」です。相手を自分の中に受け入れる姿勢を持つことです。

（作戦その5）恋愛にすべてをささげない

恋に落ちると理性的でいられなくなります。理性的でなくなるから恋に落ちるわけですが、「いつもの通りの日常生活を送る」ことも忘れずにいましょう。

日々の中でやるべきことはやるということです。仕事がある場合は、仕事をおろそかにしないことです。

さて、くれぐれも浮き足だって、

「私はあなたが好き、私だけを見ていてほしい」

と決めゼリフから使わないことです。時期が熟する前に使うと相手の足があなたの所から遠のいてしまいます。選ぶことはありません。〈自分を知って恋愛を成功させる5つの作戦〉は恋に勝つのではなく、負けないための戦術です。

作戦が成功すれば、突然、相手の足があなたに向いてきます。

自分を磨かないと「素敵な人」にならない

性根玉《しょうねだま》を磨け

自分自身が持っている仏心《ぶっしん》を磨きなさい

誰のためでもなく
自分のために自分を磨く

あなたは、恋人ができてから自分を磨くタイプですか？

それとも、恋人ができる前に磨くタイプですか？

多くの女性は、彼氏ができてからきれいになるようです。

「最近、彼女、おしゃれになったわね」

「彼でもできたのかしら」

と、うわさが飛び交います。彼に好感を持たれたいために「化粧」や「ファッション」を研究し、場合によってはダイエットにも励みます。

恋人ができた女性は輝きはじめます。

一方、男性はどちらかといえば逆の傾向があります。女性が魅力を感じるファッション、好感度がアップする雰囲気、女性への接し方をはじめから磨いておくからこそ彼女ができます。

恋人が先か、磨くのが先か。

見た目が変わると、心が変化します。心が変化すると見た目も変わります。

個人差はあるものの磨くことが好感度をアップさせることは男女ともに共通しています。

さて、こんなことがありました。

修行道場へ入門したある日のことです。私はトイレ掃除をしていました。そこへ師である鈴木宗忠《すずきそうちゅう》老師がやってきました。ふいにやってくる師僧の指導です。

「誰のために掃除をしている」

「みなさんのためです」

「そうか、よく磨いておきなさい」

「はい」

数日してまた、質問がありました。

「誰のために磨いている」

「みなさんのためです」

「そうか、自分の性根玉《しょうねだま》を磨いておきなさい」

新人の修行僧には、よく意味がわかりません。

私のもう一人の禅の師である中川宋淵《なかがわそうえん》老師もよく「性根玉を磨け」と言われていました。実はこの言葉は二人の師である山本玄峰《やまもとげんぽう》老師の愛用句でした。

宗忠老師の「掃除」という言葉を「修行」に置き換えてみましょう。

「誰のために修行している」

「みなさんのためです」

「そうか、自分の性根玉を磨いておきなさい」

性根玉とは各自が持っている仏性《ぶっしょう》のことです。自分の仏性を磨くための修行であり、自分の仏性を磨くためのトイレ掃除なのです。宗忠老師の問いを恋人に置き換えてみましょう。

「誰のために磨いている？」

「恋人のためです」

「恋人のために何を磨いている？」

「外見です」

「どうして磨く？」

「好かれるためです」

「そうか、自分の性根玉を磨いておきなさい」

つまり、誰かのために外見を磨くのはやめて、自分のために磨きましょうという提案です。

現在、恋に一歩、踏み出すことができずに停滞しているならば、美容やファッションも停滞しているかもしれません。

意識して外見を磨いてみることは有効な手段といえます。玄峰老師は、

「磨いたら、磨いただけの光あり。性根玉にも、何の玉にも」

と言われました。修行したら修行しただけ自分の仏性は輝きます。

もちろん、宗忠老師が言われたトイレを磨くことも同様です。トイレを磨けば汚れは落ちて自分の仏心も光ります。

恋人の好みに合わせて自分を磨くのではなく、自分自身そのものの魅力を引き出す方法で自分を磨いてみましょう。

たとえば、男性が泣いて喜ぶ「肉じゃが」のレシピを探すのではなく、料理そのものの腕を磨くという考え方です。誰のためでもない自分自身の核磨きです。

見た目だけを磨くのではなく、根本的な部分からの自分磨きです。当然、恋にも効果を発揮します。

自分を磨くことにより、今の自分よりも魅力的な人になることができれば、そんなあなたに惹《ひ》かれる素敵な人との縁ができる可能性は大きく広がります。

どうせなら、**恋人のために自分を磨くのではなく、自分のために自分を磨いてみましょう。**

○あれこれ考えない

南無釈迦《なむしやか》じゃ娑婆《しやば》じゃ地獄《じごく》じゃ苦《く》じゃ楽《らく》じゃどうじゃこうじゃというが愚《おろ》かじゃ

無駄なことに時間を使わない

後悔しないことを一つ選び
紛糾した脳内会議に終止符を打つ

新しい恋に踏み出せないあなた。そう思えるようになるまで、いろいろと悩んできました。

恋愛がはじまると、脳の中でさまざまな意見が飛び交います。

「この先、あの人とつき合うべきなのか?」

「あの人は私のことを好きなのかしら?」

「私はあの人のことが本当に好き?」

「うまくいかなかったらどうしよう」

こうなると、こんな言葉が思い浮かびます。

会議は踊る、されど進まず。

ナポレオン戦争終結後のヨーロッパの秩序をどうするのかを決めるために開かれたのが「ウィーン会議」です。各国の利害が衝突して数ヶ月間、進展がありませんでした。このことを揶揄《やゆ》してシャルル・ジョゼフ・ド・リーニュ侯が発したのがこの言葉です。

恋愛中は頭の中がウィーン会議です。

ポジティブな意見、ネガティブな意見、大胆な意見、慎重な意見、理性的、稚拙的、単なる欲望などが入り乱れます。何らかの秩序はなかなか生まれてきません。

「このままズルズルいく?」

「ここで告白?」

「相手が告白するのを待つ?」

「ふっても、ふられるのは絶対にいや」

「とりあえずデートの約束?」

考えれば考えるほど、思いは交錯し、支離滅裂になっていくばかりです。ここに友人の意見も入り込むと胸騒ぎがさらに大きくなるだけです。

いずれにせよ、今回、このような脳内会議の中から出て来た提案が「恋愛に踏み出せない」ですね。

そんな脳内会議の様子を表現した似た言葉が日本にもあります。

南無釈迦じゃ娑婆じゃ地獄じゃ苦じゃ楽じゃどうじゃこうじゃというが愚かじゃ

一休禅師（一四八一年寂）の投げかけです。禅の修行は坐禅が主な修行方法ですが、公案という問題集もあります。禅宗には文字に書かれた問題も数多くあります。

さて、一休禅師のこの言葉にはどのような意味が潜んでいるのでしょうか。

「お釈迦さまは一体何を説いたのか？」

「この世である娑婆にある四苦八苦から逃れる方法は？」

「戒律を破ると地獄に落ちて苦しむというが、どんな苦しみ？」

「心の安心を得るにはどうしたらいいのか？」

このように文字で書かれた仏教の教えは無限にあります。不思議なことに禅の教えは言葉にすればするほど、教えの核心から遠ざかっていきます。

そんな教義をあれこれ考えたり、論議している僧侶たちの姿を見て、一休禅師が、

「**無駄なことは、無駄な時間を過ごすことだ**」

と警告したのです。不立文字《ふりゅうもんじ》が禅宗の特徴です。文字では表現できない所に肝心要の教えが潜んでいます。一休禅師は、結局こう言いたかったのです。

「禅僧の修行は一つ。黙って坐禅をすることだけ」

恋愛についていろいろ考えてきました。ここまで紹介した十の禅語も新たな迷いの原因になったかもしれません。脳内は五里霧中、曖昧模糊《あいまいもこ》でしょうか。

もう、いいでしょう。会議はそろそろ終了しましょう。

一度、その場で姿勢を正してプチ坐禅をしましょう。

呼吸を口から吐き、ゆっくり吸いましょう。後は鼻呼吸です。吐く息を長くするように意識して、しばらく呼吸を続けましょう。

呼吸をしながら、今まで行った脳内会議の中から「これだけはしないと将来、後悔すること」を一つだけ選びましょう。

選び終わったら、呼吸も終了です。そして、選んだことがらを次の「　　」の中に入れてみましょう。

「　　　　　　　　　　　　　　　」

このあと、次のセリフが続きますがいいですか？

「うまくいかなくても、これで後悔しない」

もう一度、確認します。

「　　　　　　　　　　　　　　　」

「うまくいかなくても、これで後悔しない」

以上で脳内会議は終了です。一つ決定しました。あとは「　　」にそって考えることなく行動するのみです。**やらないで後悔するよりも、行動した後の後悔を選択しましょう。**

一つを選択し、すみずみまで心を配ってみましょう。**恋の切り札は一枚**です。

禅宗流五つの心のプログラムその３　シンプルにする

よく考えないとシンプルにならない

第4章

友人やパートナーと喧嘩中のあなたへ

喧嘩はお互いが感じる温度差から起こる

冷暖自知《れいだんじち》

温度は自分自身で感じてみる

あなたの行為が「暖かい」か「冷たい」か相手の身になって温度を計ってみる

そもそも、もめごとのない人生はありません。

物心ついたときからもめる相手は両親です。

「あれが食べたい」「これ買って」「遊んで」「やって」「やだ」……と要求にはきりがありません。「知らない」「好きにしなさい」と言われても、適当に同じことを繰り返しながら成長してきた実績があります。親子だからできる楽しい関係です。

兄弟姉妹がいる場合は、親以外の肉親とつき合うことになります。親と同じようにわがままを言うと、そこには年齢差という力の差がたちはだかります。幼いころは、実力行使そのものが喧嘩の理由であり、解決方法にもなっています。

さらに、近所の子供や幼稚園、保育園の友達とつき合うようになると、子供同士はわがままですので、もめることも喧嘩をすることもあります。

親兄弟に接するようにわがままを言うと友達は逃げていきます。場合によっては親同士の喧嘩に発展します。

「もう、〇〇ちゃんとつき合うのはやめなさい！」

逃げていった友達もいるかもしれません。しかし、人とつき合い喧嘩別れすることは、貴重な体験です。

小学校、中学校、高校、大学、社会人になっても同様です。人とはある一定の距離をとらないといけないことを学びます。恋人も同様です。

しかし、一定の距離感を保つことが難しいのが夫婦です。夫婦喧嘩は、ささいなことでごく日常的に起こります。たぶん。そして、お互い適当にごまかすように修復しながら関係が続いていきます。

兄弟姉妹も独立すると幼いときのような喧嘩は姿を消します。勃発するのは遺産相続のときです。こじれると「円」の取り合いで「縁」が切れます。

いずれにせよ、二人以上の人が集まり社会生活をすると、大なり小なり意見の相違はあります。いざこざもあります。場合によっては、予想外の喧嘩になります。

どう考えても、もめごとのない人生はありません。

つまり、生きている以上、ものごとは起こるわけですから、「喧嘩を回避する方法」と「喧嘩を修復する方法」は必要です。

簡単にいえば、「喧嘩を回避する方法」は、「喧嘩をする相手とつき合わない」ことです。「君子《くんし》危うきに近寄らず」ということわざがあります。

確かに顔を知っているだけで、つき合うことがなければ、喧嘩には発展しません。しかし、「君子危うきに近寄らず」は、実際、危うきに近づいてみないとわかりません。

やっかいなことに、「喧嘩を回避する方法」と「修復する方法」は、喧嘩をしないと修得できない欠点を持っています。

逆に考えれば、今、あなたは大切なことを学ぶ機会に遭遇しています。

喧嘩した原因は何でしょうか。

「よかれと思って意見を言ったのに」

「よかれと思って行ったのに」

あなたがこう思っている場合は、相手にとってその「よかれ」が原因になっています。逆に、

「失礼なことを相手から言われた」

「失礼なことを相手からされた」

と、あなたが思っている場合は、相手は、

「よかれと思って意見を言ったのに」

「よかれと思って行ったのに」

と思っているはずです。お互いが思っていることに温度差があります。

喧嘩は、お互いの温度差から起きます。

自分は暖かい水だと思って差し出したものが、相手には冷や水として伝わっていることもあります。逆に自分は冷や水をかけられたと思っていても、相手は暖かい水だと思って差し出した可能性はあります。

中国の宋時代に道原《どうげん》禅師が編纂した『景徳伝灯録《けいとくでんとうろく》』（一〇〇四年に成立）に「冷暖自知」という言葉があります。「悟りは自分で悟ってみないとわからない」という意味ですが、「**自分自身で経験してみないと、本当の熱さや冷たさが実感できない**」を踏まえた言葉です。

自分の感じる水の温度から、相手が感じている水の温度を想像してみましょう。

喧嘩した相手はあなたの感じる温度と逆の温度を感じていませんか？

暖かい行為も距離感を失えば冷たい仕打ちです。

あなたが今、感じている温度は、「暖かい水」でしょうか、「冷や水」でしょうか。

喧嘩をしているのであれば、両方で「冷や水」の冷たさを感じているかもしれません。いいえ、両方で「煮え湯を飲まされた」と思って心のやけどをしているかもしれません。

「冷暖自知」で喧嘩の温度を計ってみましょう。

人はそれぞれ異なるバロメーターを持っている

非《ひ》風《ふう》非《ひ》幡《ばん》

風も幡も心も動くものはない

人それぞれものを見る基準があるが
本来、基準そのものは存在しない

中国に禅を伝えた達磨大師の法を継いだ六代目、慧能《えのう》禅師の逸話です。唐時代のことです。

慧能禅師は、印宗和尚《いんじゅう》の『涅槃経《ねはんぎょう》』の講座を聞くために広東《かんとん》にある法性寺《ほうしょうじ》を訪ねました。しばらくの間、本堂の片隅に坐って講座のはじまりを待っていました。

パタパタパタ…。

境内地には講座を知らせる幡《はた》が、折から吹く風ではためいています。すると二人の僧侶が論争をはじめます。

「幡が動いている」

「いや、いや、そうではない。風が動いているのだ」

「いや違う幡だろう」

「何を言っている、風だ」

二人の僧侶の論争は終わりそうにありません。たまりかねた慧能禅師が答えました。

「風が動いているのではない。幡でもない。あなたがたの心が動いているだけだ」

二人の僧侶は黙ってしまったということです。


『無門関《むもんかん》』の二十九則《そく》に出てくる「非風非幡」というエピソードです。

風が吹いている中へ幡を掲げると、左右に風が分かれます。左右で風の抜ける距離が若干異なる現象が起こるため、一方の風の速度が早くなり、幡が引き寄せられます。この現象が左右で繰り返して起こると、幡はパタパタとはためきます。科学的に見れば、「幡がはためく理由」は「幡」でも「風」でも、そして「心」でもありません。

この話は「禅のものの見方」を伝えることが目的です。そこで、慧能禅師の見方を対立する相手に対応する方法にまとめてみましょう。


〈対立する視点とつき合う三つのポイント〉

（ポイント1）**自分と異なる見方の基準を受け入れる。**

重要なことは、自分以外のものの見方の基準があることの把握です。

ぶつかり合う原因は、お互いに注目する基準が違うためです。

「自分と違う基準が複数ある」という認識です。人はそれぞれ、自分の基準を持っています。「幡が動く」と言った僧侶は「目に見えるものを基準」に考えています。一方、「風が動く」と指摘した僧侶は「目に見えないもの」が基準です。慧能禅師は、まず、「幡が動いている」「風が動いている」というそれぞれの相手のものの見方を把握します。

（ポイント２）**それぞれの基準を捨てる。**

相手の基準に立ってものを見た上で、次にそれぞれの基準を捨てます。

「風が動いている」「幡が動いている」を捨てた視点が慧能禅師の見方です。

（ポイント３）**対立する見方を包み込む基準を探す。**

「風が動いているのではない。幡でもない。あなたがたの心が動いているだけだ」

慧能禅師の新たな視点によって二人の僧侶は黙ってしまいます。

自分と違う思考を受け入れると、思考だけではなく行動も変化します。行動が変化すると結果も変化します。

さて、ここで復習問題です。「非風非幡」と似た質問をします。

〈問い〉ここにコップが一つあります。水が半分まで入っています。あなたはこの水の状態をどう見ますか。思うほうに○をつけ、違うほうに×をつけてください。

「まだ半分ある」

「もう半分しかない」


あなたと反対の意見の人もいます。「コップの水半分論争」になるかもしれません。

そこで、〈対立する視点とつき合う三つのポイント〉の1です。あなたと反対の意見も認めてみましょう。ポジティブに見れば「まだ半分ある」「希望がある」となります。反対にネガティブに見れば、「もう半分しかない」「この先、心配」となります。

次に（ポイント2）です。自分の基準も反対の基準も捨ててみましょう。捨てて、もう一度、コップの水を見てみましょう。

そして（ポイント3）です。「まだ」と「もう」を捨てると○でも×でもない別の見方を発見することができます。たとえば、「コップの形状による見え方の差」「体調や性格による見え方の差」などの基準です。ものを見るバロメーターは人によって異なります。

禅的な解答は「見た人の心が満たされていない」です。そもそも「ポジティブな水の量」「ネガティブな水の量」という水はありません。

自分の目にどのように映るかは大切なことです。しかし、同時に**違う意見の側からも、ものごとを見る力をつけることも大切です。**今、喧嘩をしている人から学んでも遅くありません。

○人間関係を捨てて問題と向かい合う

自《じ》他《た》不《ふ》二《に》

自分をなくすことで、すべてと一体化する

「私が」の「が」を捨て
お互いに「誰のために」を摸索する

どのような職場でも組織でも大なり小なり意見の相違はあります。

「とりたてて意見はありません」

「(意見を言うと大変なことになる)」

という状態は、その体質そのものに問題があり、極めて危険です。一方で、

「そんなことではいけない。私が考えたプランを実行すべきだ」

「いや、リサーチした所では私が正しい」

「正しいのは私だ!」

と「正しい」という共通語以外は怒号が飛び交うこともあります。

もし、上司や同僚、部下と意見が平行線になり険悪な雰囲気になった場合、どうしますか？このままでは喧嘩に発展してしまいます。この場合の解決策の一つとして、「私が」の「が」、「あなたが」の「が」を捨てる方法があります。

〈『が』を捨てる方法〉

（その1）**自分の視点を整理する。**

問題に対して自分がどのような意見を持っているのか、再度、点検しながら整理しましょう。このときのポイントは、「私が思うには」の「私が」を捨てることです。「私が正しい」と思う所から成り立っている意見を一度、捨てます。

同時に対立する意見を述べた人の「○○さんが〜という意見」の「○○さんが」を捨てて整理します。「私が」と「○○さんが」のぶつかる意見の中にある人間関係を排除することが目的です。意見が分かれたことについて冷静に考え、淡々と事実を分析しましょう。

（その2）**対立する相手の意見を整理する。**

次に「なぜ、○○さんはそのように考えたのか」を相手の立場で考えてみます。「私が」の視点を捨て、○○さんになりきり、○○さんの意見が何を背景にしているかを探ります。

あなたと対立しているわけですから、あなたの頭の中からあなたの意見はすべて捨てて考えます。

（その３）「誰のために」を摸索する。

次に「私が」と「○○さんが」の二つの視点を捨てて考えてみましょう。

問題の本質にもどるということです。あくまで、「誰に対して何をどのように行うのか」という立場で考えます。

この視点で考えるとき、重要なことは「人間関係」を捨てることです。

導かれる視点は次のようになります。

「みんなで○○するにはどうしたらよいか」

「みんなで○○しないようにするにはどうすればよいか」

お互いに「私が」の「が」を捨てた所に解決策と発展が見えてきます。

それには、それぞれの立場の「優位性」を捨てる必要があります。

どうしても、職場ではものごとを考えるとき、「仕事の問題」と「人間関係」が混合します。

たとえば「上下関係」です。常に上の者だけの意見が通る場所は、発展性が乏しくなります。

また、ある人にとって都合のよい意見も問題です。長い目でみると利益を生みません。

対立した意見の中に人間関係が入り込むのは、仕事の邪魔です。また、個人的な感情を持ち込むことも仕事を阻害するだけです。無駄なことです。

仕事は職場の人のために行うわけでも、ある個人の希望や欲望を満たすために行うものではありません。円滑な仕事を行うためには、お互いの「が」の排除が効果的です。

「人間関係を排除する」ということは、「相手によって態度を変えない」ということです。

「が」の排除は、職場の人間関係の排除ではありません。

自分に非があった場合は、早めに謝罪しましょう。「先に謝るのは私ではない」も捨てます。

お礼とおわびは割増しを心がけ、信頼関係と礼節は失わないようにします。当然、注意することも必要です。

「が」の排除はそれぞれの立場を尊重する心を持つことによって成り立ちます。


「が」を捨てることを禅語で「自他不二」といいます。禅は徹底して「私が」という心を捨てる修行です。「私が」を捨てて修行そのものと一体化したときに悟りの道が開けます。

自分を捨て他と一体化すると、すべての境がなくなります。すべてが自分になります。

「自他不二」は禅宗でよく使われる言葉ですが、大乗《だいじょう》仏教の理論です。慈悲の理論とも共通しています。

一般社会に応用するならば、**自他不二とは、お互いに相手の立場になりきる視点を持ち、協力関係を築くことができる力のこと**です。

ただし、「『が』を捨てる方法」をお互いに知っていないと効果がありません。

お互いに「私が」を捨てると、みんなで一つの方向を向くことができます。

○「長いものには巻かれておく」作戦

非《ひ》忍《にん》を忍ぶ

さらに一歩、二歩と耐え忍ぶ力

「あきらめる力」でふんばり「止まる力」でチャンス待ち

恋人や夫婦など、大切な人との間で口論になり、喧嘩になりました。現在、冷戦が続いています。何とかしたいと思いますが、この後、どうしますか？

大別するとシナリオは三つです。

（その1）相手が折れるのを待つ。

（その2）自分が先に謝る。

（その3）放置する。

自分が悪くなければ、相手に頭を下げる必要はありません。しかし、そこには社会ならではの力関係があります。

争わない方法もあります。戦わない方法もあります。

そうです。「長いものには巻かれろ」ということわざがあります。「目上の者や勢力の強い相手とは争わないで、相手の意に従った方が得策」「自分の意見を曲げて我慢する」という意味です。

たしかに「大勢に従ったほうがいい」のか、「自分の理念を通す」のか、意見は分かれると思います。意見は分かれるものの七〇％以上の人が「長いものには巻かれろ派」のようです。

そこで提案です。あきらめて「長いものに巻かれる」のではなく、**「あきらめる力」を発揮して「長いものには巻かれておく」という作戦はありえます。**

もちろん、「あきらめないこと」「がんばること」「正しいと思ったら、突き進むこと」は大切なことです。

しかし、同じように、一度、立ち止まって「あきらめることができる力」「がんばらない力」「自分の主張を引き下げる力」「ゆずる力」「頭を下げる力」を使うことも有効な手段です。自分の主張を相手に通すだけが力ではありません。

中国の宋時代に道原《どうげん》禅師によって編纂された禅宗の歴史書『景徳伝灯録《けいとくでんとうろく》』の中に「難行《なんぎょう》をよく行い、非忍を忍ぶ」という言葉があります。

「禅宗の修行には、これ以上行えないことを行い、忍べないことも忍ぶ決意が必要である」という意味です。

終戦の日、昭和天皇の玉音《ぎょくおん》放送の「耐え難きを耐え、忍び難きを忍び」の出典となった言葉です。「戦うことをあきらめる力」を表現しています。

時と場合によっては、「戦わないこと」を決断することは「戦い続けること」よりも大きな勇気が必要です。

ところで、「長いものには巻かれろ」の「長いもの」とは何でしょう。語源には諸説ありますが、次のような話が中国の故事として伝わっています。

古代の話です。ある時、狩りをしていた猟師が、象の鼻に巻き上げられました。

「助けてくれー!」

と叫んだもののそのまま象から逃げることはできず、どこへ行くのかわからないまま運ばれていきました。すると、

「ウー、ウウウウッ」

突然、獅子が現れて象と猟師の前にたちふさがりました。獅子はライオンのことです。象は漁師を降ろし、獅子と臨戦状態に入りました。

「ガオーッ!」

獅子《しし》が象に襲いかかったその瞬間です。

ヒュンッ。

猟師が手にしていた石弓《いしゆみ》が放たれました。

「ウオオオオッ！」

獅子は石弓という武器によって倒されました。そして、象は再び猟師を鼻で巻き、歩きだしました。ジャングルの奥地まで運ばれた猟師がそこで見たものは、何と大量の象牙でした。猟師に助けられた象は、そのお礼として仲間の象が眠る「象の墓場」に連れてきたのです。猟師はその象牙を売って大儲《もう》けをしたということです。


この故事によると「長いもの」とは「象の鼻」のことです。

最初に象の鼻に巻かれたことは災難でした。しかし、獅子を退治し、再び巻かれてみると象牙を手にすることができました。巻かれてみたものの、最後にはいいことが待っていました。

一般的に思われている「長いものには巻かれろ」は「寄らば大樹の陰」「体制順応」などと類似した言葉です。しかし、『長いものには巻かれろ』象の鼻説」によれば、「早起きは三文の徳」などと類語になりそうです。

「あきらめる力」とは「戦わない力」「逃げる力」のことです。自分の意と反したことをあえて行うには力が必要です。

「あきらめる力」を出して、相手に巻かれていると、想定外の展開があるかもしれません。

「長いものには巻かれておく作戦」を選択するのはあなたです。立ち止まって考えてください。

◯混ぜると危険な「無視する人」と「無視される人」

平常心《へいじょうしん》

当たり前のことを当たり前に行う心

余計なことは考えず
いつもの通り接し続ける

「…………」

「…………」

何かまわりに異様な雰囲気だけが漂っています。

無視という人間関係です。

この関係は一人では成り立ちません。二人以上の複数の人による人間関係です。「無視する」とは、「目の前にいてもいないようにみなす接し方」のことです。まわりから見ていて、気持ちのよいものではありません。「無視する人の」根底にあるのは、次のような真理です。

「あなたがきらい」

ただし、「きらい」だけでは、なかなか「無視する」という行為にはおよびません。

「自分としては、あなたを認めるわけにはいきません」

という事件があったからです。

無視は意思表示であり、無言のメッセージと警告を発しています。

「頼むから、私に声をかけないで。いないものと思ってください」

これはタイプでない異性への接し方です。しかし、攻撃的に用いることもあります。

「あなたは私の心を傷つけた」

「この件に関して、私は被害者です」

「当然、私と同じように心の傷を負わなければいけません」

無視は無言の怒りのメッセージです。

無視された人が不快を感じたり、罪悪感を感じたり、オロオロすること、仲間はずれにすることも目的です。ここに無視する人の快感があります。ダメージを受けたことに対する報復が目的です。

「同じことがないように反省しなさい」

「次に同じことを私に行うと、もっとひどいことになる」

今後、プライドや心が傷つくことがないように事前に解決しておく方法にもなっています。

お互いの関係を修復したいのであれば無視は行いません。

無視された人も気持ちの悪いものです。誰も「無視されてもいい」と思って、意図的な行動はしません。

しかし、どちらにも何か思い当たる事件はあります。それぞれに言い分はあります。ただし、単純に考えれば、「無視」による人間関係はマナー違反であり、パワーハラスメントです。

解決は極めて難しいといえます。まず、信頼できる第三者に相談してみましょう。非があれば、反省し、謝罪しましょう。

修復を希望するのであれば、第三者に意見を求めてみましょう。しかし、根底にあるのが、「私はあなたがきらい」です。さらに、「嫉妬」「損得勘定」などの感情も入り込んでいます。和解は難しい所です。だからといって、無視されている側も、必要以上に罪悪感を持つこともありません。

無視を解決するための糸口は顔を合わせたときの挨拶です。

「おはようございます」

「お疲れさまです」

いつもと同じように挨拶をかわすことです。しかし、ここでも無視されてしまう可能性もあります。したがって、この方針は、相手のためだけではなく自分のためでもあると思いましょう。自分自身の心を大きくするための修行だと割り切りましょう。

相手の反応や自分の感想をなくして、気にせずに挨拶をし続けてみましょう。

「やるべきことを気にせず行える心」のことを、禅語で「平常心」と言います。『無門関』（十九則）の「平常心是道《へいじょうしんこれどう》」を略した言葉です。趙州《じょうしゅう》禅師（八九七年寂）と師の南泉《なんせん》禅師（八三五年寂）で次のような問答がありました。

南泉「仏道とはどのような道でしょうか」
趙州「平常心是道」
南泉「その道はどのように歩むのでしょうか」
趙州「日々、よけいなことを考えずに歩みなさい」（意訳）

超訳すると、**「平常心」とは「いつもの通り」「歩むべき道からはずれないこと」です。**

このことを踏まえ、お互いが挨拶することから歩み寄りたいものです。

謙虚に相手に接するという基本姿勢を崩さないことが平常心のポイントです。

無視する人もされる人も、お互いの存在を消し合っている姿にしか映りません。

少なくとも、**「無視する姿」「無視される姿」をまわりの人たちは見ています。**

ちなみに「無視すること」を「シカトする」「スルーする」とも言います。

「シカト」は、花札の十月の絵札の「鹿の十《とお》」が略された言葉です。鹿が横を向いた絵柄であるため、あらぬ方向を向くことや無視することを「シカトする」と言うようになりました。「スルーする」は“through”に「する」を合成した和製英語です。

○「仲直りしない」解決方法

露《ろ》堂《どう》々《どう》

真理は目の前に堂々と見えている

よく見れば、まわりは丸見え
自分の姿もスケルトン

ある日、知り合いの妙齢な女性Aさんがやってきました。

「婚約予定の彼と喧嘩をしました。どうしましょう?」

婚約前といえば、今が一番楽しく夢がふくらむときです。しかし、彼女は、

「私、エビフライはタルタル派なのですが、彼はソース派です」

「『いろいろ準備するにはまだ早い』と言われました」

など、あれこれと喧嘩の原因とは思えないことをしばらくの間、しゃべっていました。

結局、日頃のちょっとしたマナーなのか、金銭感覚なのか、ストレスなのか、異性問題なのかよくわかりません。そこで、こう提案しました。

「仲直りしないまま少し時間を置いてみたらどうですか？」

彼女は不思議そうな顔をしました。

「仲直りしないと、今まで見えなかった彼の姿が見えるかもしれません」

通常、私たちは何かの問題が発生すると、解決しようとします。解決策を考えて実行します。

ごくごく一般的な考え方です。

しかし、すぐに解決しない方がよい場合もあります。

なぜなら、**喧嘩を解決しないままよく見ると、隠れていたものが見えてきます。**

今、喧嘩状態になっています。親しい人とは何とか仲直りしたいものです。するとどうしても、「仲直りすること」に目が向いてしまいます。

しかし、一度、立ち止まって、考えなければならないことがあります。

喧嘩になったということは、最初に「喧嘩の原因となる事件」があったからです。ここが「本当の理由」です。

誰も親しい人とあえて喧嘩しようとは思いませんから、現在の喧嘩状態は、「本当の理由」から発生した喧嘩にはならない「別のこと」によって引き起こされています。

つまり、喧嘩状態には、「直接的な問題」と「間接的な問題」の二つが存在しています。

仲直りをして直接的な問題も解決するのであれば、仲直りしましょう。

解決しないのであれば、ここであえて「仲直りをしない」という選択肢があります。

仲直りをしなかったらどうなるのでしょうか。

もともとあった「直接的な問題」が明確になります。

「仲直りしたい」

と思って、仲直りしてしまうと、「喧嘩した」という目の前にある表面的な問題は解決できますが、根本的な問題は未解決のままです。

喧嘩による「怒り」の感情は、一見、意見を通すために有効のように思えますが、実はカモフラージュするバリアがなくなっている状態です。

喧嘩をすることによって、相手の本性は目の前に現れています。

意図的に、**喧嘩をしばらく放置することで、今まで見えなかった相手の価値観や本性を見ることができます。**仲直りをしないで見極めることは、相手のものをみる基準です。

すでに、真理は目の前に堂々と見えています。「見る」とか、「見ない」とかいう問題ではなく、目の前に現れています。見てください。

禅語でいう「露堂々」です。室町時代、義堂周信《ぎどうしゅうしん》禅師（一三八八年寂）が編纂した『貞和集《じょうわしゅう》』に出てくる言葉です。「露」は「朝露」などの水滴ではなく、「現れている」という意味です。

喧嘩に気をとらわれさえしなければ、見ることができます。

相手の本性がわからないまま仲直りすると、将来、同じことがまた繰り返されます。

その結果、「お互いのことがよく理解できた」と思えることもありますが、逆に「そのような人だったのか」と受け入れができない場合もあります。

仲直りしないと「根本的な問題」が明確になります。喧嘩によって相手の本性を見ることができますが、あなたにも同じことがいえます。相手にも見られています。

喧嘩によって、お互いの本性は透けます。

したがって、**喧嘩を放置することで、あなた自身の間違いに気づくこともできます。**喧嘩という機会に自分の姿も自分でよくみてみましょう。

しばらくしてAさんから電話がありました。

「無事に婚約しました」

彼女自身がこの先、彼と一緒に暮らすことを不安に思っていたようです。いわゆるマリッジブルーが喧嘩の直接的な原因でした。海老フライのソースは間接的な問題でした。

相談された側も、話を聞きながらヒントは出しても、問題をその場で解決しないことがコツです。自分で気づかないと問題は解決しません。多少、時間がかかる場合もあります。放置することも親切です。

男女の問題に限らず仕事においての喧嘩も同じく「露堂々」です。

すでにいろいろなことが見えています。見えないのは喧嘩という感情で目の前が赤く燃え上がっているためです。赤いサングラスをかけているようなものです。

○恋のライバル対決作戦

牛飲水成乳《うしみずをのみてちちとなし》　蛇飲水成毒《へびみずをのみてどくとなす》

同じ水を飲んでも働き方が違えば、有益にも毒にもなる

心のあり方次第で心の水は浄水にもなり、毒にもなる

同性の友人と同じ人を好きになってしまったら、あなたならどうしますか？

いわゆる三角関係です。

ライバルとなる相手が他人の場合は、どのような結果であっても人間関係に影響はありません。したがって、素直に自分が好きだと思ったら気持ちを伝えるだけです。

しかし、友人同士の場合は、恋愛中も決着がついた後もギクシャクする可能性があります。友人と親しければ親しいほどやりにくくなります。

仮に、友人をＮさん、異性をＳさんとしましょう。

最初に、恋のライバルには友情をとるか異性をとるか決断しましょう。

「ええっ！」と思うかもしれませんが、スタートをはっきりさせると今後の展開は楽になります。ドロドロ関係が長引くことはありません。そこで、三つのシナリオを想定しました。

（シナリオ1）友情を選択

この時点で三角関係に「終戦宣言」です。

「友人のNさんにSさんをゆずってもいい」

とあなたは決断しました。逆に考えれば、身を引けるということは、そんなにSさんのことが好きではなかったのです。ライバルがいたことでSさんへの気持ちがはっきりしました。一方で、「とうていNさんには勝てない」という敗北宣言もありえます。

シナリオ1で心の整理がつけば、あなたの心は傷つくことはありません。勝負をしたわけではありませんので、負けたわけでもありません。Nさんとの関係は今まで通りです。

（シナリオ2）異性を選択

「私もNさんと同様にSさんが好きです」

フェアに戦うために、ライバルに恋の宣戦布告をしましょう。勝負の行方は相手次第です。

仮に負けたとしましょう。あなたはつらい思いをします。しかし、Nさんとの友人関係を続けたいのであれば、あなたの心の整理次第で可能になります。

仮に勝ったとしましょう。

Nさんは悲しみ、しばらくの間、友人関係が成り立たないかもしれません。

あなたは修復したいと思っても、無理かもしれません。しかし、このリスクを覚悟しないとNさんと戦えません。

両方が敗者になる可能性もあります。そんなときは笑いながらお酒でも飲みましょう。

（シナリオ3）異性を奪う

「シナリオ1も2もいらない」と思うこともあるかもしれません。

「どんな手を使っても、私はSさんと一緒になりたい。Nさんだけには渡したくない」

ダークサイドの手段もあります。その一つは、SさんにNさんの悪口を言うことです。

「Nさんって、ああ見えてなかなかね」

Nさんの悪口がSさんにとって親しい人からのアドバイスに聞こえたならば、二人の関係はこわれていく可能性があります。

「うまくいった！」

しかし、よく考えてください。**恋の策略が成功することは、策略に乗るような人とカップルになったことを意味します。**

一方、次のような展開もありえます。Nさんの悪口は言ってみたものの、それでもSさんがNさんに好意を持ち続けると、

「『Nさんって、ああ見えてなかなか』と言われた」

という情報がNさんに漏れることになります。この瞬間、Nさんとの関係はおしまいです。

そもそもNさんに策略を用いるということは、あなたに友情はなかったのです。いずれにせよシナリオ3は、「Sさんとカップルになることができて私は幸せ」と思えたとしても、心のどこかで「奪った」という後悔の念が残ります。

決断のときに心に留めておきたい言葉が「牛飲水成乳　蛇飲水成毒」です。直訳は「同じ水であっても、牛が飲めば牛乳となり、毒蛇が飲めば毒となる」です。**「素直な心で物事を行えば素直な結果となり、邪悪な心で臨むと邪悪な結果が待っている」**という意味です。

唐時代の百丈《ひゃくじょう》禅師（八一四年寂）の禅宗のルールブック『百丈清規《しんぎ》』に出てくる言葉です。「同じ修行をしても、精進すれば悟りをひらくが、怠ければ一生を棒にふるだけである」という意味で用いられています。

恋愛はどうしても心が揺れ動きます。特にライバルがいると、どんな手を使ってもと思います。しかし、**自分を見失った行動は、さらに自分を見失うことになります。**

仮に恋愛の敗者となってもいいではありませんか。

恋愛に負けても、自分に勝つことができます。

三角関係で友人とうまくいかない場合は、早めに勝負を決断しましょう。「身を引いて負けてもよし、戦って勝つもよし」が恋愛です。

恋愛によって心が蛇の毒のようになることだけは避けたいものです。

○お金の貸し借りで失った心は返ってこない

吾《われ》唯《ただ》足《た》るを知る

よく見なさい。すでに足りている。不足もしていない

心の欲望の現れが借金
貸し借りは欲望の売買

仲のよかった友人とお金の貸し借りをすると関係が悪化することが多いのは事実です。
お金の貸し借りで喧嘩をしたのであれば、修復はほぼ不可能です。どのパターンをシミュレーションしても、壊れる関係にしかなりません。

〈お金の貸し借りの三パターン〉
（その1）借金の申し込みをした場合
友達にお金を借りる相談をしただけで、縁が切れることもあります。今までの関係は金銭の貸し借りなしに成り立っていたのです。

（その2）お金を借りる場合

借金する前提は、「銀行やローン会社に行く前」、あるいは、「金融機関で借りることができなくなった」、はたまた、「家族を含めて、ほかに頼る人がいない」、さらに、「もう、ほかに借りる所や人がいない」となります。どう考えても、相当、困っています。返済はかなり厳しい状況です。

一方、「ちょっと、貸してもらえないかなあ」と遊興費捻出のため気軽に声をかける場合は、金銭感覚がルーズである可能性があります。仮に一度は返済があっても、習慣化することも考えられます。

（その3）お金を貸した場合

単純に今までの関係をこわさないのであれば、貸す側はあげたと思える金額を貸すしかありません。もどってこないとあきらめておくことが前提です。

借用証書を作っても不安です。仮にもどってきた場合は、幸運と思うほかありません。

どのパターンであっても、**お金は人の心を変える魔物です。**冷たい言い方かもしれませんが、借金の話になったときは、友情ではなく欲望を目の前にしていると考えなければなりません。

「吾唯足るを知る」という言葉があります。龍安寺《りょうあんじ》にある手を洗う手水鉢《ちょうずばち》に彫られている「吾唯足知」のつくばいが有名です。この言葉は、『遺教経《ゆいきょうぎょう》』の次の言葉が出典です。

「もし、さまざまな苦悩から脱出しようとするならば、『知足《ちそく》の法』について心得なさい」

簡潔に直訳すると「私はすでに足りていることを知っている」となります。禅的な言葉で解釈すると、

「量の多少に関係なく、すでに足りている。不足もしていない」となります。別の表現をするならば、「備わるものしか備わらない」です。視点を大きく広げて解釈するならば、「宇宙に過不足はない。ただ、過不足は人の心の中から生まれてくる」となります。

禅的な解釈はこれくらいにして、お金に関していうならば、「人、それぞれ足りている。不足もしていない」「備わるお金しか備わらない」となります。

「お金を○○円、借りよう」と思ったときは、その「○○円は自分に備わっていないお金」です。それでも「借りよう」とする心は欲望の金額です。貸したほうもその欲望をお金で買ったことになります。

借金は欲望の売買です。

その欲望を叶えるために、お互いに代償を払うことになります。

友人やパートナーにお金を借りれば、利息はただになるかもしれませんが、「お金を借りるという欲望」と「利息」のために友人・パートナーを失うことになります。

確かに、親しい仲での借金には、何らかの事情があります。

「何とかしてあげたい」

と依頼された側が思うのは人情です。しかし、欲望の売買に手をつけた以上、友人関係が悪くなる覚悟が必要です。

「どうしても助けたい」

というのであれば、布施をするしかありません。

「これでは、足りない」

というのであれば、金融機関で借りた場合の利息分だけを貸す、あるいはあげるしかありません。たとえば、金融機関で十万円借りて、利息の一万円だけを布施するという方法です。あげてしまえば、貸し借りではないため、友人を失うことはありません。ただし、「布施をした」と思えずに、「仕方がない」と思ったその瞬間、関係にひびが入ります。

「借りるほうもわるいですが、貸すほうもわるい」ことを最初に知っておくべきでした。

仲がいい友達ほど貸し借りをしてはいけません。相談だけにとどめるべきです。

失った心はもう返ってきません。借りている人は一刻も早く返済をしましょう。欲望の売買が慢性化し、依存症や共依存になることだけは避けましょう。

借金にきた相手には、次のセリフを使ってうまくかわしましょう。

「私もあなたにいくらか借りようと思っていた所です」

「いい所に来てくれました」

○友人やパートナーの訃報を考えてみる

散る桜　残る桜も散る桜

満開に散る桜がある。残った桜も同じ運命

誰が先に往《い》くのかわからないが
死を想定して関係を見直してみる

散る桜　残る桜も散る桜

これは、江戸時代の曹洞宗の僧侶、良寛《りょうかん》禅師の辞世の句だといわれています。意訳してみましょう。

「今を盛りに桜が咲いているが、はらはらと散っていく桜がある。まだ美しく咲いている桜もあるが、いずれ、その桜も消えていく」

散ることを前提に、桜の花を見ると、花はより輝いて見えるものです。同時にこの句は死を見つめて、今をどのように生きるのかを問いかけています。

そこで、死を想定しながら、友人やパートナーとの関係を考えてみましょう。

たとえば、友人やパートナーと喧嘩をしていなかったとしましょう。突然ですが、相手の親族の誰かが亡くなり訃報が届きました。どうしますか？

行きます。相手が「家族葬で遺族だけで行いたいと希望」、あるいは、こちら側が「通夜の席や引き物の数を心配」するのであれば、通夜や葬儀を避けて、お悔やみに行く方法もあります。弔電を打つこともできます。逆に、

「お悔やみは遠慮してください」

と直接、連絡を受けるとショックです。「そんな関係だったのか」と疑問を持ちます。今後の関係に大きな影を落とすこともありえます。

将来を考えているパートナーはどうでしょうか。こちらには気を使う必要があります。「婚約者は身内」と考える地域や家もありますが、「葬儀には遠慮してもらう」という習慣もあります。この場合は事情説明が必要です。せっかく進んでいた話が破談になることもあります。そこで六つの質問です。

〈死を想定して相手との関係を考える六つの質問〉

（Q１）喧嘩中の友人やパートナーの父（あるいは母）のお悔やみに行きますか？

もし、今、喧嘩中の友人やパートナーの両親のどちらかの訃報が届いたらどうしますか。お悔やみに行きますか、行きませんか？

友人やパートナーから直接の連絡があるかないかはわかりません。しかし、あなたとその人が親しい仲であれば、人づてに訃報が伝わる可能性はあります。

（Q２）喧嘩中の友人やパートナーの配偶者のお悔やみに行きますか？

この場合はどうでしょうか。

（Q３）喧嘩中の友人やパートナーのお悔やみに行きますか？

この場合は、喧嘩する相手がなくなってしまいます。

「お悔やみなんかには行かない！」

と思えば縁は切れてしまいます。さて、次は立場を変えた三つの質問です。

（Q４）自分の父（あるいは母）の訃報を喧嘩中の友人やパートナーに知らせますか？

あなた自身が知らせなくても、第三者から伝わる可能性はあります。

（Q５）自分の配偶者の訃報を喧嘩中の友人やパートナーに知らせますか？

やはり、あなた自身が知らせなくても、第三者から伝わる可能性があります。

（Q６）自分の葬儀に友人やパートナーを呼ばないように段取りをしますか？

「○○さんに葬儀を知らせない」

「来て欲しくない」

という生前中の指示です。当然、縁は切れます。

良寛さんが残した辞世の句は、はかなく、そして、もの悲しさが漂います。

桜は散ります。同じように人の命も散ります。咲いていることと散ること、命があることと命が消えることは、コインの表と裏の関係です。

どちらが、「散る桜」なのか、「残る桜」になるのかはわかりませんが、同じ散る命です。**人の命は、消えることの前後を争っています。**

このように自分の死、相手の死を想定したとき、あなたは友人やパートナーにどんな言葉をつぶやきますか？

「最後には来て欲しいなあ」

それは親しかった証拠です。心の底では修復を考えているはずです。和解するきっかけになります。しかし、

「えっ、あの人が亡くなった！」

と思ったときには修復はできません。もう会うこともできません。お互いに笑ったことも喧嘩したことも夢、幻の出来事です。

思い出が駆け巡るのであれば親しい証拠です。

それでも、「縁が切れてよかった」と思えるのであれば、それはそれで一つの選択です。

お互いの葬儀という死を想定すると現在のあなたの行動が見えてきます。

将来を考えているパートナーであれば、「結婚する」「しない」の回答にもなります。

○喧嘩相手の話を聞き続ける

閑坐聴松風《かんざしてまつかぜをきく》

静かに坐り、松風に耳を澄ます

聞くことに徹すると
今まで聞こえてこなかった声が聞こえてくる

修行時代のことです。ある年の私の役目は隠侍《いんじ》でした。中川宋淵老師の身の回りの係です。個人的に老師に指導していただける時間があるのが特権です。ある日のことです。

「ここで坐禅をして富士山を見ていなさい」

と突然、言われました。何のことかさっぱりわかりません。また、ある日のことです。

「ここで梅の花をじっと見ていなさい」

やはり、何のことかさっぱりわかりません。また、ある日、粥座《しゅくざ》といって朝食のときです。

「梅干しの種をしばらくの間、口の中に入れておきなさい」

やはり、何のことかさっぱりわかりません。また、ある日の夕方のことです。

「カラスの声をじっくりと聞いておきなさい」

また、ある日のことです。

「一時間、本堂で『般若心経』を読み続けなさい」

どれもこれもよくわからないことばかりです。往々にして禅宗の教えにはこのような所があります。

老師が指導されたのは、禅語でいえば「閑坐して松風を聴く」です。直訳すれば「心静かに坐り、松の間を通り抜ける風の音を聴く」です。「心を落ち着け耳を澄ませてみなさい」ということです。禅宗らしい言葉ですが、出典不詳です。掛け軸の言葉としてよく見かけます。

禅宗の修行道場でメインの修行方法は坐禅ですが、三十分から四十分くらいで足の組み替えをします。

宋淵老師が言われた「富士山を見る坐禅」は一時間です。「通常の坐禅ではわからない世界を体験してみなさい」ということです。

「梅を一時間見続ける」も同じです。私たちが何かの物を見るのはほんの数秒、せいぜい数分のことです。しかし、一つの物をジーッと見続けていると、それまで見えなかった世界が見えてきます。

「梅干しの種を口に一時間入れておく」と、味わったことのない味が体験できます。

「一時間、カラスの声を聞く」も同じことです。

私たちはカラスの声を「カァー、カァー」と表現します。しかし、カラスの声はよく聞くと個体によって声に相違があります。音の高さも違います。「カァー」ではなく「K」音がほとんどなく「アー、アー」というカラスもいます。透き通るような高音のカラスもいれば、「ガァー」とだみ声のカラスもいます。同様にミンミンゼミも個体により微妙に声が違います。

宋淵老師の修行方法は、自分をなくす「無我想《むがそう》」「無我観《むがかん》」と呼ばれているものです。何かに集中することで、自分をなくして無になる方法です。「富士山や梅を見る」「梅干しの味をなくなるまで感じる」「カラスの声を集中して聞く」など何かと一体化することで自分をなくす方法です。

「閑坐して松風を聴く」の具体的な修行方法です。

前ふりがかなり長くなりました。そろそろ本題に入りましょう。

さて、喧嘩している相手に「閑坐して松風を聴く」という手法があります。「無我想」です。要するに話を長時間聞き続けることです。

ひょっとして、喧嘩している相手は、あなたにまだしゃべり足りないと思っているかもしれません。

あなたはあなたで、どうして喧嘩になったのかよくわからないままでいるかもしれません。

喧嘩した原因がまだモヤモヤしているのであれば、もう少し、相手の意見を聞いてもいいかもしれません。

火に油を注ぐことになるかもしれませんが、喧嘩相手に喧嘩を仕掛けてみる手はあります。仕掛けるといっても、これ以上、事を大きくするわけではありません。あくまで「無我想」ですので次の条件つきです。

1　徹底して聞く。
2　反論しない。
3　怒鳴られても怒鳴り返さない。

聞き続けることによって、喧嘩したときには聞こえなかった相手の声が聞こえてきます。それは「本音」と「矛盾点」です。

聞き終わると、今後の解決策はすでに手元にあります。

反撃の材料が揃うかもしれませんが、反撃に転じるかどうかはあなた次第です。

仮に反撃をしたとしても、今後の関係を保ちたいのであれば、勝利の一歩手前でやめることがこつです。

一方、相手はしゃべり続けたことで、関係そのものが好転に向かう可能性もあります。

相手の話を聞くには「聞く力」が必要です。「聞く力」とは「辛抱して相手の話を聞く力のこと」です。試してみて損はない手法です。

聞き上手になると自然と多くの情報が入ってきます。

喧嘩相手の話を聞き続けることで、本音と矛盾点、反撃の材料は自然と手に入ります。

禅宗流五つの心のプログラムその4 見方を変える

見えているのに気づかない世界がある

第5章

生きがいが見つからない あなたに

○今、ご臨終です。やり残したことをメモしましょう

無常迅速《むじょうじんそく》 時人《とき》を待たず

時の過ぎ行く早さに、やりたいことがついていけない

死を意識すると
やりたいことが明確化する

「生きがいが見つからない」

今、あなたはとても重要な探しものに気がつきました。

そこで、質問です。**もし、あなたが今、この世を去ることになったとして、やっておけばよかったと思うことは何ですか？**

二十代、三十代の方ならば、

「もっと、もっと長生きしたかった」

と思うかもしれません。「もう、人生十分」という心境になるには短か過ぎる人生です。

「健康を大切にすればよかった」

「医者にタバコを止めるように言われたのに実行できなかった」

「酒を節制し、食生活を調えておけばよかった」

と思うのは、もう少し先の年齢になってからのことです。

「まだ、やりたいことがある」

誰でも思うことです。明確にするために、書き出してみましょう。

「素敵な人と出会い、恋愛をし、デートを楽しみたかった」

「結婚して、子供の顔を見たかった」

中には恋愛や結婚よりも、

「やりがいのある仕事を続けていたかった」

「自分にしかできない業績を残したかった」

「自分が生きた証を残したかった」

と思う方もあるかもしれません。

「『ありがとう』を伝えたい人がいる」

振り返るとお礼を言いたい人も数多くいます。死を目の前にしたからこそ気づく言葉です。

一方で、

「ローンでまわりに迷惑をかけすぎた」

「両親をもっと大切にすればよかった」

「悪事に手を染めたことを反省し、足を洗っておけばよかった」

と、この期《ご》に及んで懺悔する方もあるかもしれません。

死ぬ前にやっておきたいことは、はっきりしましたか？

しかし、死ぬ前にやっておきたいことと「生きがい」とは必ずしも一致するとは限りません。

そもそも「生きがい」とは何でしょうか？

「いきがい」は漢字で書くと「生き甲斐」です。「甲斐」は「何かに伴って生まれてくる効果のこと」です。つまり、「生きていてよかったと思える楽しいこと」が生き甲斐です。

「甲斐」は「喜び」や「幸福感」のことです。何かをすることによって伴ういいことです。

「働いていて、よかったと思うこと」が「働き甲斐」です。「やり甲斐がある」「我慢した甲斐があった」とも使います。

『万葉集《まんようしゅう》』では「代」、『日本霊異記《にほんりょういき》』では「債」、少し後には「詮」「効」と表記していたようです。「甲斐」と書くようになったのは後世のことで、当て字です。ちなみに、「甲斐の国」とは無関係です。

「生きがい」とは、あるテーマを続けたことによって感じる幸福感のことです。

そして、「生きがい作り」にはある程度の時間が必要です。

考えてみれば、この先、何年生きるのかは誰にもわかりません。明日、いや、数秒後に呼吸が止まるかもしれません。

「生死事大《しょうじじだい》　光陰可惜《こういんおしむべし》　無常迅速《むじょうじんそく》　時不待人《ときひとをまたず》」

という言葉の通りです。口語訳してみましょう。

「どう生きて死ぬかは大事なことである。生きている時間を惜しみなさい。死はすぐにやってくる。時間は人を待ってくれない」

この言葉は禅宗の修行道場では、板木《はんぎ》といって将棋の駒を横広に拡大したような板に書かれています。この板をカーン、カーン、カーンと打ち、日の出、日の入り、就寝の時間を知らせます。板木を打つ係になると一日三回、およそ半年間、打ち続けます。しかし、修行僧であっても、目の前の言葉の意味がわかりません。出典も不詳です。

無常とは、若さと健康が邪魔をして気づくことが難しい苦悩です。

年をとると、一年が過ぎる感覚が短くなるばかりです。二十歳では一年は二十分の一、三十歳では三十分の一、四十代では四十分の一です。この先、月日が過ぎて行く感覚は加速していくばかりです。死から今を見つめてみましょう。

「自分らしく生きることができた」

「～ができてよかった」

と思えるには、十分な時間がありますか？

「どう生きるか」という問いは「どのように死ぬのか」という問いとペアになっています。

○「生きがい」とは人生のテーマ探し

門《もん》を開《ひら》けば福寿《ふくじゅ》多《おお》し

その気になって道を求めれば、良いことが多い

「単純な日々の積み重ね」の中に
ほんの少しの心の工夫や行動を挿入する

ところで、「生きがいが見つからない原因」は何でしょうか？

それは「単調な日々の積み重ね」にあります。人は過去を振り返り、現在の自分の姿を確認し、未来の自分を想像します。

二十代は就職して間もない世代です。過去は学生時代、現在は仕事に慣れることが優先です。未来に希望を抱《いだ》きながら、仕事という「単調な日々の積み重ね」をしています。

三十代になると過去に「単調な日々」が十年あります。現在の自分を見ると、ある程度、社会における自分のポジションが見えてきます。「このまま奮起！」、あるいは「仕事を一新」と決断しても遅くない世代です。

四十代を過ぎると、過去二十年以上の「単調な日々」の経験があります。ここまでくると社会における自分の地位もほぼ決まりかけます。「奮起するならここが最後のチャンス」、あるいは「このまま無事、定年を迎えればいいかなあ」と思いはじめるのもこの世代です。

ふと、

「自分の人生、もう、このままでいい」

と思いつつも**「単調な日々」を積み重ねると、漠然とした不安が大きくなっていきます。**

単調な日々を重ねる中に何か充実感が欲しいと、切実に感じるようになります。

しかし、十人いれば十人の人生がある通り、「生きがい」も十人十色です。単純に考えると次の三つのパターンがあります。

〈三つの生きがいモデル〉

（その1）**自分自身が笑顔になれる「生きがい」**

自分のやりたいことを持続し、「楽しい」「よかった」と思える人生を送る考え方です。

自分のやりたい仕事によって報酬を得て、それにともなって喜びがあれば満足度は高いといえます。

「収入はともかく、やりたいことをやる」

「自分の好きなことを貫く」

これも一つの人生です。報酬に恵まれないかもしれない、失敗するかもしれないというリスクを受け入れる生き方です。かなりの覚悟が必要です。

多くの人はこのリスクをとりません。生活に困らない富を得ることを選択するからです。

一方で、仕事は仕事で割り切って、仕事以外の趣味などを生きがいにすると、自分自身は笑顔になります。

ただし、まわりに迷惑をかけるのは考えものです。本人は「生きがい」であっても、家族には「生き害」になる浪費だけは避けたいものです。

（その２）自分も他の人も笑顔になる「生きがい」

自分だけが笑顔になるのではなく、自分も他の人も笑顔になる「生きがい」もあります。

今から家庭でも職場でできることです。

「どうしたら笑顔が生まれるのだろう」

工夫次第です。仮に自分が就職したくなかった職場であっても、「心の工夫」次第で、「生きがい」のある仕事になります。

自分に与えられた役割を自覚して、自分のための自利《じり》と、他人のための利他《りた》とが一つになっていくような仕事、人生を、ぜひ目指したいものです。

自分から笑顔を作ると笑顔は伝染します。

（その３）他の人が笑顔になるのを見て笑顔になれる「生きがい」

人の幸福のために尽くす「生きがい」もあります。

禅に限らず仏教が説く「生きがい」の考え方です。一人では小さな灯《あか》りしか灯《とも》すことはできません。しかし、一人ひとりが同じように考えると、小さな灯りは大きな灯りになります。

他の人の役に立つことを通して自分の人生と他の人の人生を豊かにしていくことです。

生きがいを三つの笑顔で分類してみましたが、そこには**人生のテーマ探しが必要です。**

さて、出典不詳ですが、「門を開けば福寿多し」という禅語があります。「**目的を定めて心の門を開くと、よいことがやってくる**」という意味です。

現在は情報社会ですので、情報は満ちあふれています。情報を収集し、選択すれば「生きがい」は必ず見つかります。

「単純な日々の積み重ね」の中にほんの少しの心の工夫や行動で、「生きがい」を感じることができます。

「生きがいがない」と思う人は、「生きがいがない日々を知らずに選んでいる」だけのことです。

すでに人生のテーマである生きがいの門は、あちこちに開いています。自分の好きな門を探してくぐるのはあなたです。

「生きがい」とは何をするかではなく、自分自身がどのような気持ちになれるかです。

できれば、笑顔の数が多い「生きがい」を探してみましょう。

○生きがい探しの「あいうえお」

無尽蔵《むじんぞう》

尽きることのない無限の世界

笑顔になる「生きがい」は
無限にあふれている

楽しいことを行う趣味は、生きがいにつながります。
そこで、次の三つの質問に答えてください。
（Q1）あなたの趣味は何ですか？　一つ二つ教えてください。
（Q2）次になぜ、その趣味なのか理由を教えてください。
（Q3）将来、その趣味をどうしたいですか？
三つの質問に答えることができる人は、それなりの年月を楽しんでいる人ですね。すでに中長期の計画も持っているかもしれません。

ところで、考えてみれば、いろいろな趣味があります。

一人でもできるスポーツならば、ウォーキング、ジョギング、ランニング、登山、サイクリング、ダンス、スカッシュ、ボウリング、ヨガなどです。eスポーツもあります。仲間と行う競技であるならば、野球やサッカー、ゴルフ、バスケットボール、卓球、バドミントンなどもあります。

鑑賞ならば、スポーツ鑑賞、映画鑑賞、美術鑑賞、演劇鑑賞、演芸鑑賞、教室であれば、華道、茶道、書道、料理、手芸教室もあります。

室内ならば、読書や音楽、DVD…とあります。奥が深いそば打ちや菓子作りもあります。楽しいことは尽きることはありません。

最初の三つの質問に答えることのできた人は、これら数行の用例は飛ばし読みしたかもしれませんね。

もう、決まっているからです。

自分の興味、適性、能力、周囲の環境などを考え、持続し、目指すゴールを決めれば、そこへいたる道筋は見えてきます。考え方は合理的、アプローチの仕方は効果的です。

と、思いがちです。問題があるわけではありませんが、見方を変えれば、**自分の適性や能力、好みを固定すると、展開する範囲は少なくなります。**

中国宋代の政治家で詩人・蘇東坡《そとうば》（一一〇一年没）に次のような詩があります。漢文の下に書き下し文を添えて紹介します。

素紈不画意高哉
儻着丹青堕二来
無一物中無尽蔵
有花有月有楼台

素《そ》紈《がん》画《えが》かざれば意高き哉《かな》
儻《も》し丹青《たんせい》を着《つ》ければ二に堕《お》ち来《きた》る
無《む》一物中無尽蔵《いちもつちゅうむじんぞう》
花有《あ》り月有り楼台《ろうだい》有り

現代語に意訳してみましょう。

画布には何も書かれていないのがとてもいい。
赤や青の色を塗ってしまうと、その絵はその色に染まってしまう。
何もなければ、楽しみは無限に広がる。
今、私は、花や月や楼台を見て楽しんでいる。

禅語では「無一物中無尽蔵」、あるいは「無一物」「無尽蔵」として用います。直訳すれば、「尽きることのない無限の世界」「**とらわれなければ、無限の世界が広がる**」という意味です。

たとえば、趣味を一つあるいは二つに絞って選ぶことは、それ以外の可能性を捨てていることにもなります。

ひょっとして、自分が苦手だと思っていたことの中にも思わぬ才能が隠れているかもしれません。自分で自分の意外性を発見することもありえます。

蘇東坡の詩のように、一度、「無尽蔵」に構えてみましょう。

趣味や生きがいが無限にあるのと同様、私たちの楽しみも無限の可能性を秘めています。

別の言葉で言えば、**「生きがい探しを生きがいにする」**という手です。

若干、場合によってはそれなりに費用もかかります。しかし、自分への投資です。「あいうえお」にまとめてみましょう。

〈生きがい探しの「あいうえお」〉

（あ）新しいことを探し、チャレンジし続ける。

（い）いつもうまくいくとポジティブに考える。

（う）うまくいかなくても気にしない。

（え）縁に気づいたら結んで広げる。

（お）面白いと思ったことは、しばらく持続する。

「探して選んで試す」という過程も楽しいものです。

真剣に物事に取り組むと、真剣に取り組んでいる人達が集まってきます。真剣な人ほど誠意と感謝があり、それに触れることで自分も成長することができます。

そのためにも心は大きく広く構えておきましょう。

苦手意識を捨てると楽しみと笑顔は増えます。思わぬ所からの誘いや人との出会いもあります。

○小さなことの持続は大きな力

少水《しょうすい》の常に流れて、石を穿《うが》つが如《ごと》し

わずかな雨垂れにも、石に穴をあける力がある

細切れの時間を一つのテーマで結ぶと
大きな成果が生まれる

昔、むかしの奈良時代のことです。奈良にある元興寺《がんごうじ》に明詮《みょうせん》という修行僧がいました。明詮さんは一所懸命修行したのですが、なかなか身につきません。

「もう、だめだ、あきらめよう」

明詮さんは修行をやめ、荷物をまとめて家に帰ることにしました。山門の所まで来ると雨が降ってきました。

「やれやれ、雨宿りか、ついていないな」

しばらくの間、山門の下に坐っていました。

ポタリ、ポタリ、ポタリ…。

山門の屋根から水滴が落ちてきます。水滴の落ちた所の石に穴があいています。

「あっ、このことか！」

ハッとした明詮さんは、「少水の常に流れて、石を穿つが如し」という『遺教経《ゆいきょうぎょう》』の言葉を思い出します。

「たとえ小さな一滴であっても、長い時間の積み重ねによって、固い石にさえ穴をあけることができる」

「できのわるい私であっても、精進し続ければ仏道修行を達成することができるに違いない」

明詮さんは雨水に励まされ、猛反省して寺から出ることをやめ、再び修行に励みました。後に明詮さんは法相宗《ほっそうしゅう》の教えを極め、大僧都《だいそうず》にまでなったということです。

この少水の話を一日の時間に置き換えて考えてみましょう。

一日は二十四時間です。

一日の生活の中で睡眠時間と休憩時間は八時間くらいでしょうか。仕事が八時間だとすると、睡眠、休憩、仕事で合計十六時間、残りは八時間です。

三度の食事、通勤時間、憩いのテレビの時間にそれぞれ一時間を当てはめると、残る時間は五時間です。トイレや風呂、買い物、個人的に使う携帯電話、女性ならば化粧する時間なども必要ですので、五時間はさらに減少します。

一日の中で自分の自由になる時間は、そんなに多くありません。

今度は別の計算をしてみましょう。一生の間で自由に使える時間はどれくらいでしょうか。

平均寿命を八十歳と仮定すると、睡眠時間は約二十七年間です。一日八時間、三十年間働くと仕事をする時間は約十年間です。

一日一時間の食事の時間を楽しむと、一生の間ではおよそ三年間になります。人は携帯電話や家のカギ、車のカギを探すのに一日平均十分を費やすそうです。一生では百五十三日です。

そこで、次のように考えてみてはどうでしょうか。

〈現代版「少水の常に流れて、石を穿つが如し」〉
(その1) 細切れ時間集結バージョン
「ポトリ」と落ちる水滴を時間にたとえ、一つのテーマで結んでみましょう。
たとえば、一日一時間、読書をします。一週間で七時間、一年で三百六十五時間です。一日は二十四時間ですので、およそ十五日分になります。仕事をしていると十五日間、まとめて時間を作ることはどう考えても無理です。

細切れの時間を一つのテーマで結びそれなりの時間を確保してみましょう。

(その2) 一テーマ継続バージョン
「何かのテーマ」を「ポトリ」と落ちる水滴にたとえてみます。たとえば、「常にありがとうの心を持つ」というテーマを日常生活に挿入する考え方です。

朝起きて、まず、目が覚めたことにありがとう。

太陽が顔を出したことにありがとう。

空気を吸うことができたことにありがとう。

朝食をいただくことができたことにありがとう。

「ありがとう」をプログラムするだけで、一日をすがすがしく暮らすことができます。

もちろん、「仏教を学び経験する」「少しの時間、坐禅をする」というテーマもあります。

日常生活に一つのテーマを継続させてみましょう。


時間やテーマを一つに結び継続していくならば、明詮大僧都のように、ハッとすることがあるに違いありません。

さて、「少水の常に流れて、石を穿つが如し」に似た言葉が「継続は力なり」です。

宗教家・住岡夜《すみおかや》晃《こう》さん（一九四九年没）の「継続は力なり」という詩の中の一説です。

「念願は人格を決定す　継続は力なり　真の強さは正しい念願を貫くにある」とあります。

この詩には、明詮大僧都のエピソードが背景にあるのかもしれません。

定年になって「余った時間をどうしようか」と考えるよりは、**若い頃から無理にでも時間を探し、好きなことや生きがいになることを行うことの方が楽しい**に違いありません。

○一つに徹すると自分を生かす道となる

万里《ばんり》一条《いちじょう》の鉄

信念を貫くと、その先に信じた道がひらける

一つのことを追い求めると
いつの間にか「生きがい」が生まれる

江戸時代の鉄眼《てつげん》禅師（一六八二年寂）の話です。

「日本に大蔵経《だいぞうきょう》の完全版がないのは残念！」

「仏教を広めるために日本独自の版木で経典を印刷したい」

と決意します。当時は板に一文字一文字彫る木板印刷の時代です。しかも、大蔵経を制作するには五千本から一万本の木が必要だといわれていました。

その後、中国渡来の師、隠元《いんげん》禅師（一六七三年寂）の協力があり、中国で出版した大蔵経の版木を与えられます。現在の宇治市、宝蔵院《ほうぞういん》を本拠地として、事業に取りかかります。津軽《つがる》から薩摩《さつま》まで資金集めの行脚《あんぎゃ》の旅に出かけます。大変な旅でした。

ある年、大阪地方で大洪水があり、人々が死傷し苦しんでいます。鉄眼禅師は、それまで集めた資金をどうするのか迷いました。

「私の大蔵経出版の目的は仏教の興隆にある。仏教の興隆は人々の救済なくして達成されない」

今まで集めたお金を救済のために投げ出したのでした。その後、また大蔵経出版のための行脚がはじまります。しかし、今度は近畿地方に大飢饉《ききん》がおこります。

「多くの人々が飢饉に苦しむのを見ていられない」

鉄眼禅師は再び出版資金を投げ出して救済にあたります。

そして、三たび資金集めの旅を開始しました。すると、今度はこれまで救済を受けた人々はもちろんのこと一般の人々も進んで寄付しました。やがて、資金も集まり着手から十年目、初志を貫徹した鉄眼は大蔵経千六百十八部七千三百三十四巻を出版します。

この大蔵経は「黄檗《おうばく》版大蔵経」、あるいは「鉄眼版大蔵経」と呼ばれて、今日に伝えられています。不屈の精神で奔走した鉄眼禅師でした。

「万里一条の鉄」という禅語が似合う生き方です。宋代、智昭《ちしょう》禅師編纂の『人天眼目《じんてんがんもく》』（一一八八年成立）の言葉です。

直訳すると「硬い一本の鉄線が千里を通して貫いている」となります。広義では、「仏の教えは過去、現在、未来にわたり不変である」と解釈できます。生き方に置き換えると「一つのことを行い続ける偉大な力」のことです。

一つのことを貫くには、同じことをあきらめずに繰り返して行わなければなりません。

しかも、**信念を持って同じことを続けていくと、そこには新たな発見、創意や工夫が生まれます。**当初と違うクオリティーの高いことが完成されます。

たとえば、『ファーブル昆虫記』です。

作者のファーブルは十九世紀に南フランスで物理や数学の教師をしていたジャン・アンリ・ファーブルです。小学校や中学校の図書館で一度は目にしたことがありますね。

ファーブルは子供のころから昆虫が大好きでした。そして、五十五歳の時に昆虫観察に専念することを決意します。かなりおそい年齢になってからの出発です。

その後三十年の歳月をかけて昆虫記を執筆します。

原題は『昆虫学的回想録』です。タイトルに「昆虫学」とありますので、学問書ですが、ファーブルの自叙伝にもなっています。生徒に楽しく昆虫の世界を紹介するため、論文調にしなかったのです。

有名な話の一つはスカラベという糞転《ふんころ》がしです。

ファーブルは山奥にある貧しい村で育ちました。祖父母の家のまわりは家畜の糞だらけでしたが、それを汚いという人はいません。

家畜の乳を絞り、その肉を食べ、羊毛を着ていた村の人々は、家畜によって人が生かされていることをよく知っていたからです。

「人、動物、昆虫などは姿、形、住む場所に差はあるが、それぞれの命は平等に役割を持って共に生きている」

ファーブルの信念が、糞転がしから伝わってきます。このような『ファーブル昆虫記』の執筆スタイルは、長い年月の中で試行錯誤の上、確立していきました。

私たちには鉄眼禅師のように一つのことに自分の命をかけるような生き方は、なかなかできません。また、ファーブルのように、三十年かけて昆虫記を執筆するようなテーマと出会えるかどうかもわかりません。

すでに、人生のテーマと出会っている方は幸せです。大切に育てていく必要があります。出会っていないのなら探す必要があります。また、ふとしたことで縁があるかもしれません。逃さないようにすべきです。

しかし、ささいなことでも、一つのことを追い求めると新しい世界がひらけてくるのは事実です。何かのコレクションでも面白いと思います。

生きがいは何か一つのテーマを続けることによって自然と生まれてきます。一つのことを追求すると意外な発見、思わぬ展開や人との出会いがあります。

歩んだ道の先には信じていた道がひらけます。生きがいを一つ選んでみましょう。

○「今、心が感じる幸せ」を「生きがい」にする

日々是れ好日《にちにちこれこうじつ》

「よい日」「わるい日」を捨てると、毎日がかけがえのない日となる

選ぶことをやめると
今が幸せな時となる

「日々是れ好日」という禅語があります。

中国の唐末から五代にかけて活躍した雲門文偃《うんもんぶんえん》禅師（九四九年寂）の言葉です。そのまま直訳すると「毎日が好《よ》い日」です。そこで、三つ質問します。

（Q1）あなたにとって「幸せな日」を思い出してください。

「ラッキー！」

と思えた日のことです。今日、何か特別に幸せなことはありましたか？　なければ、時間を今日から過去にさかのぼってください。

たとえば、「仕事がうまくできた日」「子供が生まれた日」「結婚した日」「就職した日」「恋人ができた日」「受験に合格した日」などでしょうか。数えるほどしかありませんね。

ちなみに明日は幸せな日になりそうですか？

（Q２）あなたにとって「いやな日」を思い出してください。

「最悪！」

と思えた日のことです。今日から順番に過去にさかのぼってください。

「仕事に失敗した」「肉親が亡くなった」「就職先が第一希望ではなかった」「病気をした」「怪我をした」「恋人にふられた」「受験に失敗した」などでしょうか。

思い出したくもない日とはいうものの、数えるほどしかありませんね。

ちなみに明日は最悪の日になりそうですか？

（Q３）あなたにとって好きな天気は何ですか？

「晴れの日」

たぶん、多くの人が「快晴」や「晴れ」です。明るく活動的な天気が晴れです。

「くもりの日」

紫外線を避ける理由から「くもり」が好きな人もいます。

「雨の日」

雨の音にいやされる、水のにおいが好き、情緒を感じる人もいます。

明日は、あなたの好きな天気になりそうですか？

年間晴天日数の全国平均はおよそ二百二十日です。くもりは百日くらい、雨の日は四十八日です。晴れの日が好きな人であっても、気温が三十度を超えるような日はいやです。二十五度くらいなら身も心も軽やかですが、せいぜい百日程度です。

そして、人生にとって「幸せな日」も「いやな日」も数回しかありません。


では、なぜ、雲門禅師は「日々是れ好日」と言われたのでしょうか。

簡単に言えば、「好き、きらいを捨てなさい」という問いかけです。

私たちは常に自分のセンサーで「好き」「きらい」・「よい」「わるい」を判断します。「大きい」「小さい」・「多い」「少ない」・「きれい」「きたない」も同様です。

人それぞれが独自で持つセンサーですべてのことを区別し、色分けしています。

しかも、このセンサーを持っているかぎり、「幸運な日は数日」「いやな日も数日」「好きな天気の日はおよそ数十日」となります。

日々是れ好日とは「日にちを選ばないこと」です。「選ぶセンサーを捨てる」ことです。

すると「心が感じる幸せ」は大きなことから、ささいなことへ広がっていきます。

「幸せ！」と感じるレベルは、きわめて日常的なことになります。幸せを感じた日が過去から、今になります。

「今日、朝、目覚めたこと」

当たり前のことですが、よく考えるとこれは幸せなことです。中には目覚めないままの人もいます。

「食事を家族と一緒にした」

家族と一緒ではなくても、食事をすることができたことはありがたいことです。食事のできない人もいます。

「今、この本を読んでいること」

いえいえ、この本が幸せというわけではありません。今、読書をする時間があるということです。ここでこうして好きな時間をすごしていることです。

「日々是れ好日」は今にあります。過去にも未来にもありません。今の連続です。

「幸せな日」には幸せなこと、「いやな日」にはいやなこと、「晴れの日」には晴れの日のこと、「雨の日」には雨の日のことをこだわらずに行うだけです。

「その日にやるべきことをやるだけ」ですが、「好き、きらいを捨てる力」が必要です。捨てることによってひらける今までと違った心の別世界です。そこから生まれる安らかな心も生きがいです。

「日々是れ好日」のように**禅語を心の中にインストールすると、そのまま「生きがい」になります。**好い日は、待っているだけではやってきません。

月の中に住んでみる

雪月花《せつげっか》

雪の私、月の私、花の私

静かに身体《からだ》と心を止め自然界と一体化する

わたしたちは「欲しいもの」「自分にないもの」「何かの技能」など外に向かって求める傾向があります。生きがい探しも同じです。多くの情報を得て、その中から好きなものを選択する方法です。しかし、**「生きがい」には、すでにあるものに気づく方法もあります。**

たとえば、永平寺《えいへいじ》を開いた道元禅師の歌です。

春は花
夏ほととぎす
秋は月
冬雪さえて冷《すず》しかりけり

この四行で道元禅師は「春、夏、秋、冬の自然」と「自分」と「悟り」が一体であることを表現しました。シンプルで透き通る感性は極限に達しています。川端康成《かわばたやすなり》（一九七二年没）がノーベル文学賞を受賞したとき、スウェーデンで行った記念講演「美しい日本の私」を飾った言葉にもなりました。

ほかの古典文学や明恵上人《みょうえしょうにん》、一休禅師、良寛さんなども登場しますが、川端は「日本人の根底にある美意識は禅である」と断言したのです。

講演のタイトルは「美しい日本と私」ではなく、「美しい日本の私」です。「美しい日本と私」と表現すると「美しい日本」と「私」は別々のものです。差があります。しかし、「の」によってすべてが一体化します。

では、道元禅師の自然と一体化する歌はどこから生まれてきたのでしょうか。それはただ坐ることです。只管打坐《しかんたざ》と言います。時間をかけて自分と自然と向き合うことです。

私たちが日常生活の中で自分と向き合うのは数分、多くて数十分のことです。これでは不十分です。

また、「絶景の雪景色」「名月」「きれいな花」を目の前にしたとき、私たちはどれくらいの時間、雪月花を見ているのでしょうか。

「もっと、よく花を観《み》なさい」

「ほととぎすの声をよく、聞きなさい」

「月をよく観なさい」
「雪を身体そのもので観じなさい」
道元禅師はこのことを歌に託しました。

よく観れば観るほど、「花」と「花を見る自分」の距離はなくなります。

「言葉では表せない美しさ」とは私たちの中に組み込まれている思い、言葉、記憶を捨てることです。花と一体、ほととぎすと一体、月と一体、雪と一体になります。「花」も「ほととぎす」も「月」という言葉も不要です。

そもそも花は自らを「花」とは語りません。ほととぎすも月も雪も同じです。花を見て花と思い、「キョッキョッ キョキョキョキョ」という鳥の声を聞いて、ほととぎす、黄色い月を見て月、白い雪を見て雪だと思うのは、日本語がわかる人だけです。

自分がなくなれば、自然と自分が一体となることができます。
「キョッキョッ キョキョキョキョ」をそのまま見て、聞いて、感じるだけです。そこには文字も言葉も一切不要です。道元禅師は、あえて文字を使って「雪月花」と表現しました。

次の音を想像してください。トンネルに入る時、トンネルの中の音、そして、トンネルを抜けた後の音です。

シュシュシュシュシュ…、

シュッポー、シュッポー…、
シュッ、シュシュ、シュ、シュ…

これが川端康成の『雪国』につながっていきます。

国境の長いトンネルを抜けると雪国であった。夜の底が白くなった。信号所に汽車が止まった。

音、黒と白の色、気温、体温、息づかい、時間の経過、ここに道元禅師が観じた「雪の私」の世界が広がっています。

このように禅語の「雪月花」の世界観で過去に読んだことのある文学作品を読み返すのも面白いものです。今まで気づかなかった別の世界との出会いがあります。

さらに、道元禅師と同じ心境を良寛さんは次のような言葉に託しました。

形見とて　何か残さむ　春は花　山ほととぎす　秋はもみぢ葉
私たちはすでに、大きな遺産の中に住んでいます。「雪月花」という自然と自分とが一体である世界です。日頃、見ているのにも関わらず見えていないだけです。感じているのに感じていないだけです。

自然界と一体となり、雪となり、月となり、花となるのも、生きがいの一つです。それぞれの世界の中に住むのも楽しいものです。

○仏教は人生のバックボーン

大疑団《だいぎだん》

疑問を持ちながら修行すると、仏の道は開けていく

「なぜ？」と思う疑問の謎解きが「生きがい」の道を切りひらく

経済的な安定を得るには働く必要があります。何らかの職業に就き定年を迎えても働くことができれば、収入を得ることができます。

しかし、収入を得るだけでは心の安定、つまり安心を得ることはできません。精神安定剤は販売されていますが、「心の安心を得る薬」は販売されていません。

長年、この役割を果たしてきたのが仏教です。仏教が六世紀ころ日本に伝わってから、およそ千五百年にわたり、日本人の心の中に受け継がれてきました。

日本人の心のテキストの基本が仏教であることは現在も変わりがありません。

そこで、「仏教を学ぼう」と決意してみましょう。

ここから先は簡単そうで難しいことです。当然、

「何をどのように学んだらよいのか？」

という疑問が生じます。現在、伝統的な日本仏教は十三宗に分かれています。

奈良仏教の法相宗《ほっそうしゅう》・華厳宗《けごんしゅう》・律宗《りっしゅう》、平安仏教の天台宗《てんだいしゅう》・真言宗《しんごんしゅう》・融通念仏宗《ゆうずうねんぶつしゅう》、鎌倉仏教の浄土宗《じょうどしゅう》・浄土真宗《じょうどしんしゅう》・時宗《じしゅう》・臨済宗《りんざいしゅう》・曹洞宗《そうとうしゅう》・日蓮宗《にちれんしゅう》、江戸時代に伝えられた黄檗宗《おうばくしゅう》です。

「どの宗派を学べばいいのだろうか？」

という疑問が出てきます。無責任な言い方をするわけではありませんが、どの宗派でもかまいません。たとえば、図書館や書店の仏教書のコーナーへ行って、目をつぶって何かの本を手にするのも一つの方法です。

一見、それぞれの宗派は別々のように見えますが、実はどこかで関連があります。疑問を積み重ねていくと十三宗、すべてに広がっていきます。

宗派ではなく、仏像でもかまいません。疑問を持ってみましょう。

「なぜ、私たちは仏像に手を合わせるのだろうか？」

「なぜ、仏像は誕生したのだろうか？」

「なぜ、仏像には如来や菩薩があるのだろうか？」

「仏像は私たちをどこへ導こうとしているのだろうか？」

写経をしている方も同じです。

「なぜ、写経するのだろうか？」

「写経したお経はどのような意味なのだろうか？」

「どのような功徳が説かれているのだろうか？」

「お経に説かれていることを実践するにはどのようにすればいいのだろうか？」

たとえば、有名な『般若心経《はんにゃしんぎょう》』は疑問が満載です。

「『般若』とはどのような意味なのだろうか？」

「『色即是空《しきそくぜくう》』とはどのような意味だろうか？」

「『空《くう》』とはどのような意味だろうか？」

「サンスクリット語の『般若心経』を訳した三蔵法師《さんぞうほうし》は、当時、どのように発音していたのだろうか？」

疑問が疑問を呼びます。これらの疑問を一つひとつ解決していくと、仏教の教えが広がっていきます。広がると新たな疑問が生まれます。

疑問の広がりによって、自然と人生のバックボーンが形成されていきます。

仏教の教えに対して疑問を持つことを禅語で「大疑団」といいます。古くから禅修行に必要な姿勢として伝えられてきました。

「どのような教えであるのか」

「自分にとって、どのような意味となるのか」

学ぶ姿勢とは疑問を持つことです。

最初の疑問は一つの点です。しかし、いくつもの点がやがて線になります。さらに、年数を重ねていくと面になり立体になります。

やがて、「生き方」を導く教えになります。

大疑団を持って、仏教に接していると、何かの言葉が、きっとあなたの心の中で目覚めるときがきます。

この疑問を求め続けていくことそのものが生きがいです。

知らない間に人生のバックボーンとなります。

仏教には八万四千の法門があるといわれています。入門する方法は無限にあります。疑問も無限です。

興味を持って、この謎解きにチャレンジしてみてはどうでしょうか。

疑問を解決していくことが、自分の心を安らかにすることにつながります。人を笑顔にする道につながっています。

ぜひ、仏教を人生のバックボーンに据えてください。きっと、豊かな人生を送ることができます。**仏教の門はすでに開いています。**

○雲のごとく水のごとく「生きがい」を求める

行雲流水《こううんりゅうすい》

師と教えを求める諸国行脚《あんぎゃ》の旅

求めることを決め
師と教え、仲間を探す

「行雲」「流水」、あるいは「行雲流水」という言葉は古くから中国では詩文によく用いられていました。禅宗ではこの言葉が「空を行く雲のごとく、流れる水のごとく教えを求めて全国に師を探し、修行の行脚をすること」となります。略して修行僧のことを雲水《うんすい》と言います。

仏教にとって行雲流水の元祖は、お釈迦さまです。

王子という地位、妻子も置いて出家しました。今からおよそ二千五百年前のインドの話です。当然のことですが当時のインドには仏教がありません。そこで、思想家で名高いアーラーダ・カーラーマを訪ねます。さらに、ウドラカ・ラーマプトラを訪ねます。その後、独自で苦行され、坐禅をし悟りをひらきます。

「教えを求め」「師を求め」「一緒に修行する仲間」を求める旅でした。

日本仏教を開いた祖師方も同じ旅をしています。

平安時代、「新しい仏教の教えを学びたい」

と唐の国へ渡ったのは天台宗を開いた最澄《さいちょう》です。道邃《どうすい》と行満《ぎょうまん》から天台宗、道邃から大乗菩薩《だいじょうぼさつ》戒《かい》、翛然《しゅくねん》から禅、順暁《じゅんぎょう》から密教を学びます。

「完全な密教をマスターしたい」

最澄と同じ船で唐の国へ渡ったのは真言宗を開いた空海《くうかい》です。密教の師は恵果《けいか》和尚です。

鎌倉仏教の祖師方は比叡山の天台宗に学びます。最澄が多くの師からさまざまな仏教を持ち帰っていたおかげです。その中から法然《ほうねん》は専修念仏《せんじゅねんぶつ》を選択します。その法然を師と仰いだのが親鸞《しんらん》です。一遍《いっぺん》も続きます。日蓮《にちれん》もまた、それぞれの宗派を学んだ後、日蓮宗を開きます。

「禅の悟りを日本に伝えたい」

栄西《えいさい》禅師も天台宗で修行した後、宋へ渡ります。禅の師は虚庵懐敞《きあんえじょう》禅師です。しかも、二回も宋に渡り臨済宗を日本に伝えます。道元《どうげん》禅師も天台宗で修行し、栄西禅師の門を叩きます。しかし、まもなく栄西禅師が亡くなります。

「栄西禅師の志に続きたい」

と明全《みょうぜん》禅師らと宋へ渡ります。師は天童如浄《てんどうにょじょう》です。また、道元禅師の弟子には宋で一緒に如浄禅師のもとで修行した寂円《じゃくえん》もいます。道元禅師を慕って日本に渡り帰化しました。

当時、唐や宋の国へ船で渡ることは命がけです。粗末な船、風まかせの航海、羅針盤もありません。船の半分は海のもくずと消えます。無事、日本に帰国できる確率は四分の一です。最澄も空海も栄西禅師も道元禅師も命がけの行雲流水の旅でした。

現在は中国に限らず海外へ行くことは命をかけることではありません。しかし、**求めることを決め、師を求め、自分が持っている時間をかけることはできます。**

行雲流水の旅に出るには、まず、求めるものがなければなりません。そして、その道の先駆者を訪ねる必要があります。教えや技術、生き方を学ぶ必要もあります。くじけないように仲間と共に支え合わなければなりません。

求めるにあたって、大切なことは自分を信じて行動することです。

「求めること」に対して、「自分には才能がない」「失敗するかもしれない」と思わないことです。

何かを求めるということは、自分の可能性を信じることです。今の等身大の自分に自信を持つことです。

自分を信じたならば、失敗を恐れることはありません。仮に失敗したとしても、それは自分の可能性を信じた証です。失敗しても前に進みましょう。そこで、次の五つの心得が必要です。

〈行雲流水式「生きがいの作り方」〉

1　「求めること」と「師」を探す。
テーマを決め、先生を探すことです。

2　努力することを好きになる。
愚痴をこぼさず黙って行うことです。

3　「できる」と念じる。
無心に自分を信じることです。

4　適度に休む。
持続するためです。

5　現役を続ける。
生きがいは結果にはありません、努力する過程の中にあります。

これは、禅宗だけではなく仏道修行の極意といってもいいかもしれません。
そこでもう一度、質問です。今、あなたは何か求めているものがありますか。その師はいますか。教えてください。

求めていること「　　　　　　　　　　　　　　　　　　　　」
師「　　　　　　　　　　　　　　　　　　　　」

なければ探してみましょう。それが、あなたの生きがいに必ず通じていきます。

○他の人の笑顔をそのまま自分の「生きがい」にする

障子《しょうじ》の糊《のり》

見えない所に心を配り、人を支える

自分を捨て、命を使うと
みんなに大きな幸せがやってくる

昭和の名僧とうたわれた山本玄峰老師に次のような言葉が残されています。

「お坊さんは障子の糊のようなものだ」

「どんな立派な障子でも、糊が無かったならば、障子の桟《さん》と紙が離れて障子の役目をしない。しかし外から見ると、糊は有るか無いか分からない。お坊さんは、この糊のように、人の知らない所で人と人とが仲良くし、一切の物事が円満に成り立って行くように働いてゆかねばならない」

僧侶に限らず「障子の糊」は心に留めておきたい生き方です。「障子の糊」から連想するのは、宮沢賢治《みやざわけんじ》（一九三三年没）の「雨ニモマケズ」です。小学校の暗記の宿題にもなりました。

雨ニモマケズ
風ニモマケズ
雪ニモ夏ノ暑サニモマケヌ
丈夫ナカラダヲモチ

そして、この後、次のような内容の詩が続きます。
欲がなく、怒らない、いつも静かに笑っている。
一日に玄米四合と味噌と少しの野菜を食べる。
東に病気の子供がいると、行って看病する。
西に疲れた母がいれば、稲の束を担ぐのを手伝う。
南に死にそうな人がいると、死ぬことを怖がらなくてもいいと言い、
北で喧嘩をしている人がいると、つまらないからやめなさいと言う。

「いつもニコニコ」「子供が食べたくないような食事」「なぜか親切な人」、小学生には理解不能です。

今、この詩を読み返すと、前半の部分はどうみても清貧《せいひん》な僧侶そのものです。後半の東西南北の人との接し方は、たとえるならば玄峰老師の「障子の糊」そのままではありませんか。

詩の最後は「ミンナニデクノボートヨバレ　ホメラレモセズ　クニモサレズ　サウイフモノニ　ワタシハナリタイ」とあります。

宮沢賢治がなりたかった「でくのぼう」とは、どのような人なのでしょうか。

現在の「でくのぼう」は「役に立たない者」や「気の利かない人」を見下して言う言葉です。「木偶《でく》の坊」と書き、木の人形が語源ではないかといわれています。人形のように「自分の私利私欲を主張しない人」のたとえで用いたのかもしれません。「一切の欲を捨て去った生き方」が「でくのぼう」です。

「雨ニモマケズ」の詩の内容から仏教語に「でくのぼう」と同様の意味を探すならば「菩薩」です。「人を救いながら悟りを目指す生き方をする人」のことです。**人を救うことはそのまま悟りの道へ通じています。**

「障子の糊」も同じです。生き方は菩薩です。

そこで、「障子の糊」の「超訳こころの禅語」を心の中にインプットしてはどうでしょうか。菩薩とは人に見えない「陰徳《いんとく》」を積むことです。見える「陽徳《ようとく》」もこだわらずに積むことです。何かを期待して徳を積むのでなく、何かの見返りを求めるわけでもありません。見返りを求めない生き方ですが、このような姿は他の人へも広がっていきます。子供や孫たちには、かけがいのない心の財産として受け継がれていきます。

日頃、仏さまに手を合わせているのであれば、その仏さまもごらんになっていらっしゃいます。

日々「南無釈迦牟尼仏《なむしゃかむにぶつ》」、あるいは、「南無阿弥陀仏《なむあみだぶつ》」「南無妙法蓮華経《なむみょうほうれんげきょう》」「南無観世音菩薩《なむかんぜおんぼさつ》」と唱えているならば、お釈迦さま、阿弥陀さま、観音さま、諸菩薩さまと一緒です。

私たちが行う日々の積み重ねが他の人の喜びになり、仏さまも微笑んで見ていただける。これはそのまま幸せであり、大きな「生きがい」です。

玄峰老師の「障子の糊」も宮沢賢治の「でくのぼう」も、現代の私たちに「命の使い方」を問いかけています。「生きがい」はそのまま死に際の幸せ「死にがい」のことです。

あなたはこの世で一人です。

人生はたった一回です。

その命を本当に生かす方法を真剣に考えてみてはどうでしょうか。

人の評価よりも「よい人生」をめざすのが仏教の教えです。

このように「障子の糊」は「でくのぼう」でもあり「菩薩行《ぼさつぎょう》」であり、そして、中国に禅を伝えた達磨大師の「無功徳」にもリンクします。

時として禅語は他の言葉とも融合します。どこかで、ふとしたきっかけで時間を超えて動きだします。

言葉を残した人も微笑んでいます。

過去の言葉と現在のあなたが結びついた瞬間、その言葉はあなたの未来の道を照らし出します。

おわりに（その1）

人に親切《しんせつ》、自分に辛切《しんせつ》、法に深切《しんせつ》

私が雲水として入門したのは静岡県三島市にある龍澤寺《りゅうたくじ》です。臨済宗妙心寺派の修行道場の一つです。江戸時代中期、臨済宗中興《ちゅうこう》の祖・白隠《はくいん》禅師（一七六八年寂）が開かれた古道場です。

私の直接の師は鈴木宗忠《そうちゅう》老師（一九九〇年寂）ですが、中川宋淵《そうえん》老師（一九八四年寂）にも指導を受けました。二人の老師の師が山本玄峰《げんぽう》老師（一九六一年寂）です。

玄峰老師は五十歳の時に当時廃寺寸前だった龍澤寺に入山《にゅうざん》し、復興に専念されました。のちに妙心寺の管長になられ、昭和の名僧の一人として知られた禅僧でした。

龍澤寺の法灯《ほうとう》は玄峰老師、宋淵老師、宗忠老師と受け継がれていきます。

私にとって二人の師の禅風《ぜんぷう》はまったく違うものでした。

宗忠老師はとにかく親切丁寧でした。

「坐禅のときに呼吸を数えなさい」

「吐く息とともに無になりきりなさい」

「工夫して、無をここに持ってきなさい」

何度も何度も同じことを繰り返して教えていただきました。何と、坐禅の呼吸の息遣いも一緒にしていただきました。

一方、宋淵老師はこのような宗忠老師の指導を知っていたのでしょう。大胆で奇抜でした。

「富士山を一時間、見ておきなさい」

「犬に合掌礼拝《らいはい》しなさい」

「みんなで手をつないで歌を歌いましょう」

何がなんだかわからないまま、突然、言葉を投げかけてこられました。いきなり大海にドボンと放り込むのです。しばらくしてから教えの浮き輪を差しのべてくださいますが、奇抜な問いには時間が必要です。

禅を伝える表現方法は、それぞれ異なりましたが、二人とも禅に燃えていました。

根底には玄峰老師の「人に親切、自分に辛切、法に深切」という教えが受け継がれています。「人にはやさしい心を配り、自分は常に精進し、教えはより深く掘り下げて求めていく」という生き方です。

やさしさとは相手の身になることです。時には教えないことも親切です。辛切とはともに歩む姿勢のことです。深切とは常に教えを探求し続けることです。

今、思うと宋淵老師も宗忠老師も老師ではなく、最後まで雲水とともに歩む禅の一修行僧でした。

おわりに（その2）

心はさらさら、禅語は心の特効薬

さて、今回紹介した「超訳こころの禅語」の中には正反対のものや矛盾するものもあります。

「どうして？」

と思うかもしれませんが、血圧を上げる薬もあれば、下げる薬もあります。禅の教えも同様です。重要なことは心の安心です。ケースバイケースで選択してください。

何をインストールするかは、一度、止まって心の中を空《から》にしてから考えてください。

ここに紹介した禅の考え方は、すべて、私の師である宋淵老師と宗忠老師から親切に教えていただいたことです。中には「失敗談」「怒られたこと」「数年から数十年後に気づいたこと」「未だに宿題のままのこと」も多々あります。

入学金も月謝もありません。無料です。師は弟子に教えを説き続けても何かを求めることは一切ありません。無功徳の法です。宗忠老師は言われました。

「経典の言葉や禅語は薬の効能書きのようなもの」

「教えを記した文字は心の特効薬だが、飲んでみないと効かない」

実際に行動してみないと本当の意味はわかりません。宋淵老師は言われました。

「さらに参ぜよ三十年」

「精進無涯《しょうじんむがい》」（死んでも修行しなさい）

いずれにせよ、同時期に二人の老師から教えていただけたことに感謝しています。今は亡き二人の師に合掌三拝《さんぱい》を捧げることしかできないのが残念な限りです。老師からの宿題がまだ残っていますが、それはそれでもいいのかもしれません。

最後になりましたが、佼成出版社の黒神直也氏にこの場を借りて篤く御礼申し上げます。宋淵老師と宗忠老師の教えを伝える出版のご縁をいただきました。

振り返ると氏とは三十年来のつきあいです。お互いこのまま「仏教を伝える」という同じ道を歩いていきたいものです。

あるように思えて、わからないのがこの先、使える時間です。ないように見えて、多いのが欲望です。ないように見えて、無限にあるのが仏の教えです。

今回、紹介した禅語はその中のほんのごく一部に過ぎません。まだまだ、紹介できなかった禅語はたくさんあります。禅僧の智慧は無尽蔵《むじんぞう》です。

これを機会に禅宗や坐禅、禅語に興味を持っていただければ幸いです。

二〇一八年十月

龍雲寺住職　村越英裕　合掌

禅宗流 五つの心のプログラムその5 徹する

徹した先は信じた生き方となる

ごく平凡なことを積み重ねていく
道中見えてくることに喜びがある

主な参考文献

・『佛教語大辞典』（中村元／東京書籍）
・『禪學大辭典』（禪學大辭典編纂所／大修館書店）
・『訓注　禪林句集』（柴山全慶／書林其中堂）

村越英裕（むらこし・えいゆう）

臨済宗妙心寺派龍雲寺（静岡県）住職、同派布教師。1957年、静岡県沼津市生まれ。二松学舎大学大学院修士課程を修了。龍澤寺僧堂に入門、中川宋淵老師、鈴木宗忠老師（ともに故人）に師事。「やさしく」「わかりやすく」「たのしく」をテーマに仏教全般、禅宗関係について執筆活動を行う。著書に『ほんとうは大事な「お葬式」』（大法輪閣）、『悩みがスッと消える　お坊さんの言葉』（宝島社）、『お坊さんのひみつ』（PHP 研究所）など多数。イラストレーター。

超訳こころの禅語　―悩みを解決する智慧の言葉50選―

2018年11月15日　初版第1刷発行

著　者　村越英裕
発行者　水野博文
発行所　株式会社佼成出版社
〒166-8535　東京都杉並区和田2-7-1
電話　(03) 5385-2317（編集）
(03) 5385-2323（販売）
URL　https://www.kosei-shuppan.co.jp/

印刷所　小宮山印刷株式会社
製本所　株式会社若林製本工場

◎落丁本・乱丁本はお取り替えいたします。

ISBN978-4-333-02791-0 C0015